Howard Levin
Die Zweite Chance
Erfahrungen mit Sathya Sai Baba

Howard Levin

Die Zweite Chance

Erfahrungen mit Sathya Sai Baba

Sathya Sai Vereinigung e. V.

Titel der amerikanischen Originalausgabe: „Heart to Heart“

Illustrations by Lila Patch
First published by Sai Towers Publishing,
Bangalore 560 067 (India)

Umschlaggestaltung: Walter Kropp

Übersetzung aus dem Amerikanischen: Dr. Norbert Nicolaus

Die Deutsche Bibliothek verzeichnet diese Publikation in der Deutschen Nationalbibliografie. Detaillierte bibliografische Daten sind im Internet unter http://dnb.de abrufbar.

ISBN 978-3-96571-009-2

1. Auflage 2024

Sathya Sai Vereinigung e. V., Buchzentrum,
Von-Stauffenberg-Str. 16, 48565 Steinfurt
Druck und Bindung: booksfactory.de

In Verehrung

Sri Sathya Sai Baba

gewidmet

Inhalt

VORWORT

Howard Levin war Student an der Arizona State University und hatte sich im Fach Architektur eingeschrieben. Es war die Zeit der „Blumenkinder", die sich – unzufrieden mit dem materiell ausgerichteten „American Way of Life" – damals vor allem in San Francisco zusammenfanden und auf der Suche nach einem freien Leben ohne gesellschaftliche Zwänge waren. Seine Suche, die bald auch eine spirituelle Suche wurde, führte ihn 1968 auf eine lange Reise durch England, Frankreich, Italien, Jugoslawien, Griechenland und die Türkei bis nach Indien.

Dort geriet er im Juni 1970 unter den göttlichen Einfluss von Bhagavan Sri Sathya Sai Baba und zu seinen Füßen begann, wie Elsie Cowan es treffend formuliert, „eine entspannte, ruhige Zeit in Brindavan und Prashanti Nilayam, in der eine Gruppe junger Westler die Gelegenheit hatte, zu leben, zu arbeiten und spirituelle Führung vom Avatar dieses Zeitalters zu erhalten."

Zusammen mit neunzehn anderen Westlern war er einer der wenigen Glücklichen, denen Swami persönliche Aufmerksamkeit schenkte und Zeit fand, sie in ihrer Arbeit und Freizeit zu besuchen und mit ihnen über spirituelle und weltliche Angelegenheiten zu sprechen. Für sie war er liebende Mutter, Freund, Wohltäter und spiritueller Führer, der ihnen hin und wieder Einblicke in seine Göttlichkeit gewährte.

Das war die „Chance seines Lebens".

Mit der Rückkehr nach Amerika Ende 1971 begann für den Autor ein neuer Lebensabschnitt, in dem er die Diskrepanz zwischen seiner Erinnerung an den „Ort des höchsten Friedens" in Indien mit den Herausforderungen der amerikanischen Gesellschaft in Einklang bringen musste. Jetzt galt es, das im geschützten Raum des Aschrams Gelernte im gesellschaftlichen Leben der Vereinigten Staaten anzuwenden. Dass das aber nicht so einfach war, erzählt er in diesem Folgeband.

Immer wieder zog es den Autor nach Indien – allerdings war ihm die ungeteilte Aufmerksamkeit Sai Babas wegen der immer größer werdenden Besucherzahlen im Aschram verwehrt. Das ehemals „spirituelle Idyll", konnte aufgrund des überwältigenden Besucherstroms, den der Aschram in späteren Jahren zu verzeichnen hatte, nicht aufrechterhalten werden. Oft musste er lange auf ein Interview warten und hatte immer wieder Probleme, sein Touristenvisum zu verlängern.

Und so pendelte Howard Levin bis in die Mitte der 80er Jahre hinein zwischen Indien und den USA, ging zwischendurch ganz unterschiedlichen Tätigkeiten nach und hoffte, eines Tages ganz in Indien bei Sai Baba leben zu können.

Als in den Jahren 1985/86 das große Planetarium in Puttaparthi gebaut und eingerichtet wurde, schien sich dieser Traum zu erfüllen. Sai Baba rief ihn nach Puttaparthi, wo er als Berater im Planetarium mitarbeiten und das in den USA erworbene Fachwissen in das Projekt einbringen konnte.

Das war seine „Zweite Chance".

Bei seinem letzten Aufenthalt im Jahre 1986, von dem er in diesem Buch berichtet, stellt er fest: „Fast sieben Monate lang saß ich zu seinen Füßen und beobachtete ihn. Niemand war ihm wirklich ‚nahe', nicht einmal die Menschen, die ihm körperlich am nächsten waren. Er war so jenseits von uns allen, so jenseits von jedem anderen, den ich je getroffen oder gesehen habe."

Norbert Nicolaus

WEIHNACHTEN 1971

Das Taxi rumpelte durch die Straßen von Madras. Es war eine ruhige Wohngegend mit großen Häusern, die von hohen Mauern umgeben waren. Gelegentlich kamen wir an ein oder zwei Kühen vorbei, die am Straßenrand grasten. Im Inneren des Taxis herrschte große Anspannung. Wir waren auf dem Weg zu Sathya Sai Baba. Michelle trieb den Fahrer an, während sie eifrig aus dem Fenster schaute und versuchte, das Haus zu erkennen, in dem er gerade zu Besuch war. Im Jahr zuvor war sie dort gewesen und war jetzt zuversichtlich, es wiederzufinden. Ich war besonders aufgeregt, denn ich sollte um sechs Uhr abends in die Vereinigten Staaten zurückfliegen, und dies war meine letzte Chance auf das begehrte Interview, das ich so dringend haben wollte. Meine Gedanken reflektierten noch einmal die vergangenen Jahre. Ich dachte an die vielen wunderbaren Erfahrungen, die ich in den letzten beiden Jahren mit Sai Baba gemacht hatte. Er war alles für mich; meine Mutter, mein Vater, mein Guru, mein Führer, mein Vertrauter und mein Freund. Nach fast vier Jahren in Indien ging es zurück nach Amerika. Ich schloss für eine Minute die Augen und betete, dass Sai Baba mir einen Talisman geben möge, der mich in Amerika beschützt.

Plötzlich schrie Michelle auf: „Da ist es! Das ist das Haus!“ Alle im Taxi waren wie elektrisiert, mein Herz begann zu flattern, ich holte tief

Luft. Wir stiegen aus dem Taxi und begaben uns auf die Veranda des Hauses. Dort wartete schon eine Reihe von Indern.

Wie aus dem Nichts und ohne Vorwarnung, erschien Sai Baba. Anmutig und schnell bewegte er sich über die Veranda auf uns zu. Er grüßte Michelle mit einem breiten, liebevollen Lächeln. „Wie geht es Ihnen, Sir?“, fragte er sie, während sie nur so dahinschmolz. Dann wandte er sich mit einem ernsteren Blick mir zu und erklärte: „Ich fahre jetzt ins Krankenhaus, um Walter Cowan zu sehen. In einer Stunde bin ich wieder zurück. Du wartest hier.“ Das sagte er mir früh am Morgen und verschwand dann, nur um am späten Nachmittag hier wieder aufzutauchen. Es hatte einer geschickten Detektivarbeit, eines sechsten Sinns und des guten Gedächtnisses von Michelle bedurft, um ihn zu finden. In jenen Tagen fand sie immer heraus, wohin Sai Baba ging und wann er auftauchte, auch wenn niemand sonst ihn finden konnte. Es war ein Geschenk, das er ihr aufgrund ihrer intensiven Liebe und Hingabe zu ihm gemacht hatte.

Es war, gelinde gesagt, eine sehr lange Stunde, aber diesmal kam er wirklich zurück. Nach etwa zwanzig Minuten rief er alle Ausländer in einen separaten Raum. Wir versammelten uns in einem Halbkreis um ihn. Er sah uns alle an und begann dann zu erzählen, wie er an diesem Morgen Walter Cowan von den Toten auferweckt habe. Nachdem er seine Geschichte beendet hatte, ergriff Leela, eine liebe Freundin und Mitreisende von mir, mit stockender Stimme das Wort. „Swami“, sagte sie, „meiner Mutter wurde wegen ihres Diabetes ein Bein amputiert.“

„Ja, ja, ich weiß“, antwortete Sai Baba sanft. Dann sah er sich ihren Arm an. Er war durch eine Komplikation bei ihrer Geburt verletzt worden. „Nun“, begann Sai Baba in einem schelmischen Ton, „sie hat ein Bein, du hast einen Arm, du kannst einen Tanz machen.“ Leela, die nicht wusste, ob sie lachen oder weinen sollte, entgegnete: „Aber Swami, ich habe doch dich!“

„Ja“, antwortete er, „du kannst meine Arme und Beine benutzen, ich bin immer bereit.“ Er kreiste seine Hand und materialisierte aus dem Nichts eine kleine Silbermünze. „Hier, die ist für deine Mutter“, sprach er und reichte sie Leela.

Dann drehte er sich um und sah mich an. Ich hatte mit einem Anflug von Eifersucht beobachtet, wie er die Münze für Leelas Mutter materialisierte. „Du hast unsaubere Gedanken und Zweifel“, sagte er zu mir mit einem Blick, der Abscheu, Liebe und Mitleid zugleich in sich vereinte. Er kreiste mit seiner Hand in der Luft, und blitzschnell materialisierte sich eine kleine Goldmünze. Er kam zu mir rüber und steckte sie in meine Hemdtasche. „Behalte sie in Amerika bei dir“, riet er liebevoll und tätschelte mir die Brust.

Er gab verschiedene Ratschläge und beantwortete die Fragen einiger der im Raum versammelten Devotees. Dann rief er uns einzeln in einen kleineren Raum zum privaten Gespräch. Schließlich war ich an der Reihe. Ich stand ihm von Angesicht zu Angesicht gegenüber, allein. Endlich sagte er liebevoll: „Aber ich enttäusche nie.“ Wir sprachen über meine Beziehung zu meinen Eltern, mein spezielles Visumsproblem und meine spirituelle Praxis. Er klopfte mir auf den Kopf und sagte: „Mach dir keine Sorgen, ich werde dir helfen.“ Und zu meinem Visum meinte er: „Wenn du zurückkommst, melde dich in Anantapur an; die sind jetzt alle Devotees. Wenn du immer meine Adresse angibst, wirst du keine Schwierigkeiten haben.“

„Aber Swami“, erwiderte ich, „wenn ich deine Adresse angebe, werden sie ein Schreiben von dir haben wollen.“

„Ich werde es geben“, war seine Antwort.

„Aber als ich dich das letzte Mal gefragt habe, hast du Nein gesagt“, erinnerte ich ihn. Er hielt meine beiden Hände und sagte beruhigend: „Ich werde es geben, ich werde es geben.“

Ich kniete mich auf den Boden und küsste seine Füße. Er half mir auf und führte mich sanft, aber zügig in den Vorraum, wo die anderen warteten. Es ist schwer zu beschreiben, wie ich mich fühlte. Es war, als ob ich geöffnet und von Kopf bis Fuß mit Liebe angefüllt worden wäre.

Im Taxi auf dem Rückweg zum Hotel nahm ich die kleine Goldmünze aus meiner Tasche. Auf der einen Seite war ein Bild von Shirdi Sai Baba zu sehen und auf der Rückseite eine Hand in segnender oder schützender Haltung abgebildet. Um die Hand herum las man in tamilischer Schrift eingraviert die Botschaft „Warum Angst haben, wenn ich hier bin?“ Tamil und Telugu sind zwei der Hauptsprachen in Südindien. Es war der Talisman, um den ich auf der Hinfahrt im Taxi gebetet hatte.

ZURÜCK IN NEW YORK

Auf dem langen Air India-Flug nach New York lehnte ich mich in meinem Sitz zurück. Fast vier Jahre lang war ich in Indien gewesen und es war so viel passiert. In den beiden letzten Jahren lebte ich fast ununterbrochen in der Gegenwart Sathya Sai Babas und unter seinem Schutzschirm. Die beiden ersten Jahre hingegen waren eine lange Reise kreuz und quer durch ganz Indien auf der Suche nach ihm. Auf dem langen Flug in die USA ließ ich noch einmal alles revuepassieren:

* * *

Eigentlich begann meine Reise viele Jahre zuvor, als ich noch ein Kind war. Ich besuchte damals die Oberstufe der High School. Im November 1963 wurde auf Präsident Kennedy ein Attentat verübt. Ich war mit einer Infektion zu Hause geblieben und sah fern. Ich erinnere mich noch, dass das Programm plötzlich unterbrochen wurde und Walter Cronkite auf dem Bildschirm erschien. Seine Stimme schwankte und seine Augen waren wässrig, als er verkündete, dass Präsident Kennedy in Dallas, Texas, in den Kopf geschossen worden und sein Zustand sehr ernst war. Einige Minuten lang ging der Sender zum normalen Programm zurück, als ob nichts geschehen sei. Dann kamen die Nachrichten wieder und hörten drei Tage lang nicht mehr auf. Ich saß wie gebannt vor dem Fernseher und sah, wie Jack Ruby Lee Harvey Oswald live im Fernsehen erschoss. Ich sah, wie der Kennedy-Clan dem Trauerzug auf der Pennsylvania Avenue folgte. Ich sah zu und war wie betäubt. Es schien, als ob die ganze Welt, die ich kannte, gerade aus den Fugen geriet. Alles, was so sicher und geborgen gewesen war, zerbrach auf einmal. Es gab nichts, was mich aus meiner Erstarrung hätte lösen können, bis diese vier langhaarigen Briten in der „Ed Sullivan Show" auftraten. Plötzlich war ich wieder lebendig. Ich hatte eine neue Reihe von Göttern, die ich anbeten konnte und die an die Stelle von Präsident Kennedy traten, der mir so gewaltsam genommen worden war.

Es ist schwer, genau zu sagen, wie die Beatles mich beeinflusst haben, außer dass ihre Musik zumindest im Geiste die Freiheit widerspiegelte, nach der ich so sehr suchte. Es war der Anfang, der Beginn einer sozialen Revolution, die weitreichende Auswirkungen auf mein Leben und das Leben so vieler Menschen meiner Generation haben sollte.

Als erstes beschloss ich, mir die Haare so lang wachsen zu lassen wie sie. Ich fand, dass es so richtig „groovy" aussah, wie das Modewort zu dieser Zeit lautete. Ich ahnte nicht, wie viel Ärger mir das bringen würde. Als ich im September 1964 mein erstes Studienjahr an der Arizona State University antrat, waren meine Haare fast so lang wie ihre, und ich besaß jedes Beatle-Album und jede Platte. Ich schrieb mich in der brütenden Septemberhitze an der Arizona State University ein, um Architektur zu studieren. Damals hoffte ich, dort einen Abschluss zu machen und dann zurück nach New York zu gehen, um Architekt zu werden. Es war der Höhepunkt des Goldwater-Johnson-Präsidentschaftsrennens, und Arizona war ein konservativer Staat. Ich aber war als liberaler Demokrat aufgewachsen. Als Jude und Liberaler war ich plötzlich Teil einer Minderheit. Neben den Beatles war die einzige Musik, die ich mochte, die eines jungen Folksängers namens Bob Dylan. Seine Musik, die ebenfalls „revolutionär" war, stellte die Werte der weißen amerikanischen Mittelschicht in Frage. Mit meinen langen Beatle-Haaren, meiner „Bob-Dylan-Mütze", meinen blauen Jeans und schwarzen Stiefeln muss ich auf dem konservativen Campus wohl ziemlich deplatziert ausgesehen haben.

Eines Tages, als ich über den Campus ging und in Gedanken versunken war, kam ein großer, blonder Student auf mich zu und pöbelte mich an: „Du kleine Schwuchtel, lass dir die Haare schneiden, oder ich trete dir in den Arsch!" Ich war schockiert über diesen plötzlichen Ausbruch von Feindseligkeit, aber das war ich von der High School her mehr oder weniger gewohnt. Ein weiterer Vorfall ereignete sich in einem Restaurant in Phoenix. Ich war mit zwei Freunden beim Mittagessen. Sie waren beide sehr hellhäutig, hatten blondes Haar und blaue Augen. Ich mit meinen langen dunklen Haaren und braunen Augen muss wohl aufgefallen sein. Ein angetrunkener Gast stand von seinem Tisch auf und kam zu uns herüber. Er sah mich an und sagte in einem aggressiven Ton: „Du bist doch Jude, nicht wahr?"

"Ja", antwortete ich trotzig, „na und?"

„Wir hätten Hitler euch kleine Bastarde alle im Zweiten Weltkrieg töten lassen sollen", schrie er mich an.

Ich wollte ihm ins Gesicht schlagen, aber meine beiden Freunde hielten mich zurück. Als er sah, dass er in der Unterzahl war, verzog er sich wieder. Meinen Freunden war das sehr peinlich. Wir waren alle erst siebzehn Jahre alt, und ich glaube nicht, dass einer von uns jemals zuvor eine solche Erfahrung gemacht hatte. „Er ist nur betrunken", meinten sie, um mich zu beruhigen.

Wir aßen unsere Hamburger auf. Ich fühlte mich bedrückt und sprach nicht viel. Bilder aus Filmen über die Todeslager der Nazis, die ich in der High School gesehen hatte, schossen mir durch den Kopf. „Warum?", fragte ich mich im Stillen, „Gibt es einen Gott?" Es ist seltsam, aber diese Erfahrungen gaben mir das Gefühl, dass es mehr gab als nur die materialistischen Werte, mit denen ich aufgewachsen war. Ich hatte das Gefühl, dass es irgendwo eine große Freiheit gibt, Freiheit von Hass, Freiheit von Verfolgung und Freiheit von Angst. Wenn ich nur irgendwie diesen Ort fände, vielleicht könnte ich dort sogar leben.

Im College machte ich mich ganz gut. Ich lernte fleißig, meine Noten waren gut und ich war einigermaßen glücklich. Im Herbst meines ersten Studienjahres an der Arizona State University wurde ich achtzehn Jahre alt. Ich beschloss, einer Burschenschaft beizutreten. Ich trat der „Tau Kappa Epsilon" oder T.K.E., wie sie genannt wurde, bei. Aber dort versuchte man zu sehr, mein Denken und meine Kleidung zu beeinflussen. Ständig wurde ich wegen meiner Frisur schikaniert. Als ich versuchte, einen schwarzen Freund in die Verbindung einzuführen, wurde mir gesagt, dass ich als Jude Glück hätte, überhaupt dabei sein zu dürfen, und dass ich „mein Glück nicht überstrapazieren" solle. Also verließ ich die Burschenschaft wieder und konzentrierte mich mehr auf mein Studium.

Im Frühjahr dieses Jahres, 1966, erhielt ich einen Einberufungsbescheid von „Uncle Sam". Ich war so sehr in meine Schularbeit vertieft, dass ich dem eskalierenden Krieg in Vietnam nicht viel Aufmerksamkeit geschenkt hatte. Der Einberufungsbescheid war daher ein böses Erwachen. Durch einen glücklichen Zufall wurde ich von der Einberufungsbehörde aber abgelehnt, weil ich in der Vergangenheit an Asthma erkrankt war. Ich war also frei. Aber jetzt hatte ich diesen Krieg auf dem Gewissen. Ich musste nicht dorthin gehen und kämpfen, aber so viele taten es. Ich war grundsätzlich gegen den Krieg, vor allem gegen einen Krieg, den ich nicht verstand. Ich war der Meinung, dass der Zweite Weltkrieg eher eine „schwarz-weiße" Angelegenheit war. Es gab Hitler, und er war eine Bedrohung für unser Überleben. Aber was in Vietnam geschah, schien so weit weg zu sein, dass ich nicht verstand, warum wir uns da überhaupt einmischten.

In meinem zweiten Studienjahr lernte ich auch Sam kennen. Er war ebenfalls ein jüdischer Junge wie ich, kam aber aus Arizona. Er machte mich mit einer Reihe anderer Leute bekannt, die alle einen „radikalen", „hippen" Lebensstil vertraten. Sie alle rauchten Marihuana oder „Pot", wie es allgemein genannt wurde. Ich wurde aufgemuntert, es auch zu probieren, aber ich wollte es nicht wirklich. In den Frühjahrsferien 1966 machten wir einen Ausflug nach Mazatlán in Mexiko. Dort wurde ich zum ersten Male „high". Ich genoss diese Erfahrung. Es war, als würde ich in der Luft schweben. Alles schien leicht und funkelnd. An den Wochenenden kiffte ich weiterhin in meinem Freundeskreis, aber nicht unter der Woche, da ich meine Aufgaben und mein Studium zu erledigen hatte.

Als ich im Herbstsemester meines zweiten Studienjahres wieder in die Schule kam, stellte ich fest, dass viele meiner Freunde, darunter auch Sam, nach San Francisco gezogen waren. Sam rief mich an der Arizona State an und sagte, dass Tausende von Studenten dorthin zögen. Er sagte, es sei die „Happening-Szene". Die Medien nannten es die „Hippie-Revolution". Wir planten, dass ich ihn über die Thanksgiving-Ferien besuche. In der Zwischenzeit ermutigte mich einer meiner Freunde, eine neue Droge namens LSD oder „Acid" auszuprobieren. Ich hatte davon gehört und dass es möglicherweise die Gehirnzellen schädigen könnte. Ich zögerte, sie auszuprobieren, und beschloss damit zu warten, bis ich in San Francisco war.

Ich erinnere mich noch lebhaft an jenen Thanksgiving-Morgen, als ich in einem nebelverhangenen San Francisco ankam. Ich fuhr die stufenförmig angelegte Steigung der Feel Street hinauf zum Haight-Ashbury-Viertel. Sam wohnte in einer Gemeinschaftsunterkunft in der Golden Gate Street mit anderen Hippies zusammen. Sie lag nicht ganz im Herzen der Haight-Szene, aber sie war zu Fuß erreichbar. Er stellte mich den anderen Mitgliedern seiner Gemeinschaft vor. Sam und einige der anderen gehörten zu einer Gruppe, die sich „The Family Dog" nannte. Sie betrieben einen Tanzclub und einen Konzertsaal, den Avalon-Ballroom.

Später am Tag machten wir alle einen Ausflug zur Haight Street. Was für ein unglaubliches Fest für meine Augen! Zu Thanksgiving hatten sich in diesem Jahr fast einhunderttausend junge Menschen im Haight-Ashbury-District von San Francisco versammelt. Die Haight Street war ein Fest der Farben und Kostüme. Viele der jungen Männer hatten sehr langes Haar, das ihnen bis über die Schultern reichte. Ich fragte mich, wann sie angefangen hatten, sich das Haar so lang wachsen zu lassen, denn es war viel länger als meines. Die Frauen trugen lange fließende bunte Kleider. Überraschenderweise waren die meisten Leute barfuß. Es war, gelinde gesagt, eine echte „Freakshow".

Meine erste Reaktion war, dass ich Teil dieser Szene sein wollte. Für mich sah das alles wunderbar und aufregend aus. Es war, als ob alle sensiblen und kreativen Köpfe des Landes dort versammelt seien. Damals beschloss ich, es mit LSD zu versuchen. Es war mehr oder weniger der Initiationsritus geworden, der es einem ermöglichte, sich „der Bewegung" anzuschließen. Sam sagte, er würde mir das „Acid" geben. Es wurde beschlossen, dass wir alle nach Land's End fahren, mit Blick auf den Pazifischen Ozean, und dort einen „Trip" haben würden.

Ich saß auf der Spitze einer Klippe mit Blick auf den Pazifik zu meiner Linken und die Golden Gate Bridge zu meiner Rechten. Unter mir schlug die Brandung gegen die Felsen. Der Himmel war strahlend blau mit ein paar weißen Schäfchenwolken, hier und da verstreut. Als die Wirkung des „Acid" einsetzte, begann alles um mich herum in Farben zu leuchten. Die Felsen und das Eiskraut, auf dem ich saß, waren in allen Farben des Regenbogens gehalten. Der Himmel und das Meer schienen in einem universellen Rhythmus zu pulsieren. Es war, als würde ich plötzlich erkennen, dass alles lebendig und Teil einer riesigen homogenen Lebenskraft ist. Ich hatte ein Gefühl der Einheit mit allem um mich herum. Je stärker das LSD wirkte, desto mehr Farben und Muster konnte ich in allem sehen. Die Felsen und das Eiskraut schienen lebendig und intelligent zu sein. Es war, als könnte ich mit ihnen kommunizieren. Ich wollte jeden und alles auf der Welt umarmen. Ich war von einer Liebe und Ekstase erfüllt, wie ich sie noch nie erlebt hatte, und ich dachte, dass alle anderen auf ihrer „Reise" sicher die gleiche Erfahrung machten.

Für den Abend hatte Sam einen Besuch im Avalon Ballroom arrangiert, um Live-Musik zu hören. Es spielten zwei lokale Hippie-Bands, „Big Brother" und die "Holding Company" und außerdem noch „The Jefferson Airplane".

Im Laufe des Abends tanzte ich und tanzte und wirbelte herum, während die Bands ihre Musik spielten. Nicht ahnend, was das Schicksal für mich bereithielt, hatte ich das Gefühl, endlich die Freiheit, die ich suchte, gefunden zu haben.

* * *

Die Ankündigung, dass sich der Air India-Flug dem Kennedy International Airport in New York näherte, weckte mich aus meinem traumhaften Zustand der Erinnerungen. Fünf Jahre waren seit der ersten LSD-Erfahrung in San Francisco vergangen. Vier dieser Jahre hatte ich in Indien verbracht, mit Besuchen in Nepal und Sri Lanka. Die beiden letzten Jahre hatte ich mit Sathya Sai Baba verbracht, einer Person, von der ich nun glaubte, dass sie der inkarnierte Gott auf dieser Erde sei. Wie sollte ich den Menschen in New York erzählen, was ich erlebt hatte, wo ich gewesen war und dass ich zu den Füßen Gottes gesessen habe? Er berührte mich, segnete mich und sagte, er werde immer bei mir sein. In dem Interview in Madras fragte ich ihn noch, ob meine Eltern jemals zu ihm kommen würden. Seine Antwort lautete: „Deine Eltern wissen nichts von Swamiji. Du gehst hin, erzählst ihnen etwas und siehst dann weiter. Zwischen dir und deinem Vater gibt es keine Verbindung. Zwischen Mutter und Sohn nur eine natürliche Verbindung." Er klopfte mir liebevoll auf den Kopf und fügte hinzu: „Heirate nicht, führe ein freies, ungebundenes Leben." Es stimmte, ich hatte nie eine richtige Verbindung zu meinem Vater gehabt, und wir hatten nie viel miteinander gesprochen.

Michelle und Leela hatten mir beide von einer Frau in New York namens Artemis erzählt. Sie leitete eine kleine Meditationsgruppe, die sich jeden Donnerstagabend in einer Wohnung in der Upper-West-Side von Manhattan traf. Leela lebte mit Artemis zusammen und hatte Artemis bereits von mir erzählt und davon, wie wir 1968 und 1969 zusammen in Indien gereist waren. Mir wurde also gesagt, dass Artemis über mich Bescheid wüsste, wenn ich anrufe.

Nachdem ich mich in der Wohnung meiner Eltern in der East-Side eingerichtet hatte, rief ich Artemis an. Eine jugendliche Stimme meldete sich am Telefon. Sie sagte, sie würde sich freuen, mich kennenzulernen, und lud mich zu sich nach Hause ein. Ein paar Tage später klingelte ich an ihrer Tür. Eine hübsche reife Frau in einem blauen Seidenkleid empfing mich. Sie lachte herzhaft und sagte: „Komm' rein, mein Lieber." Sie schien sehr gut zu verstehen, wie ich mich fühlte, als ich nach vier Jahren Indien ausgerechnet in Manhattan ankam. „Ich war achtzehn Jahre in Indien, Darling", sagte sie, „und ich bin ohne einen Penny in New York gelandet." Wir unterhielten uns eine ganze Weile. Ich fühlte sofort eine Nähe zu Artemis. Sie war sehr liebevoll und freundlich. Sie sagte, die Tatsache, dass wir beide Sai Baba liebten, habe uns einander nahegebracht. Als wir uns verabschiedeten, lud sie mich zur Meditationsgruppe am Donnerstagabend ein.

Ich fühlte mich wunderbar beschwingt. Es schien, als ob New York doch nicht so schlimm sei. Meine Eltern waren in ihrem Winterdomizil in Florida und ich konnte ihre New Yorker Wohnung zurzeit für mich alleine nutzen. Mein Vater hatte mir einen Hin- und Rückflug von Bombay nach New York und zurück geschickt, denn das war billiger als ein einfacher Flug. Sai Baba sagte mir, ich solle nach zwei oder drei Monaten zurückkommen – und ich hatte jetzt ein Rückflugticket. Es war ein ziemlicher Kulturschock, nach so vielen Jahren Indien in New York City zu sein. Meine Schwester nahm mich mit ins Bloomingdale's-Kaufhaus, um mir etwas Kleidung zu kaufen. Ich hatte nur ein paar Hemden und ein Paar Hosen, die ich in Bombay besorgt hatte. Sie sagte, ich sähe „wie ein Tölpel" aus und könne mich in der Upper East Side nicht mit solch schäbiger Kleidung sehen lassen. „So kommst du nicht am Portier vorbei", warnte sie mich.

Gleich am nächsten Donnerstag ging ich zu Artemis' Meditationsgruppe in der Upper-West-Side von Manhattan. Artemis erzählte mir, dass sie die ersten beiden ihrer sechzehn Jahre in Indien mit Sai Baba verbracht habe. Sie war später in die Staaten zurückgekommen, in New York gelandet und bei Freunden untergekommen. Jetzt leitete sie diese Meditationsgruppe. In der Wohnung am Riverside Drive waren etwa fünfzig Personen anwesend.

Sie stellte mich allen vor und sagte, ich solle ihnen von meinen Erfahrungen mit Sai Baba erzählen. Nach einigen einleitenden Bemerkungen und nachdem auch andere Leute ihre Erfahrungen mitgeteilt hatten, bat sie mich zu sprechen: „Erzähle uns, wie du zu Sai Baba gekommen bist, mein Lieber." Als ich darauf wartete, dass ich an der Reihe war, schweiften meine Gedanken zurück zum Januar 1967:

* * *

Ich erinnerte mich daran, wie ich Sam an jenem Tag in Land's End sagte, dass ich nicht wüsste, worum es bei der Hippie-Bewegung ginge, aber irgendwie hatte ich das Gefühl, dass ich dazugehören sollte. „Ich werde es mal eine Zeitlang mitmachen", dachte ich mir.

Zunächst lebte ich allein in einer kleinen Einzimmerwohnung gegenüber von Sams Gemeinschaftsunterkunft in der Golden Gate

Street. Es war eine schöne Wohnung. Sie hatte einen Kamin und ein Erkerfenster mit Blick auf die Innenstadt.

Ein Freund von der Arizona State University hatte mir den Namen seiner Schwester und seines Schwagers genannt und gesagt, ich solle sie aufsuchen. Sie wohnten in der Haight Street. Ben studierte Englisch im Hauptfach an der San Francisco State University. Als ich ihn kennenlernte, hatte ihn seine Frau gerade verlassen und er war schwer deprimiert. Wir mochten uns auf Anhieb und fingen an, zusammen in der Haight Street herumzuhängen. Er machte mich mit seinem Bruder Paul bekannt. Ben und Paul waren beide junge Radikale. Sie waren absolut gegen den Krieg in Vietnam und beide, zumindest philosophisch gesehen, dem Sozialismus zugetan. Zu diesem Zeitpunkt war ich unpolitisch. Ich glaubte, dass nur die Liebe die Probleme der Welt lösen könne. Aber unsere unterschiedlichen Ideologien vermischten sich bei gutem „Pot" und ein wenig Musik von „The Grateful Dead", einer anderen beliebten Gruppe aus San Francisco, problemlos.

Es waren Ben und Paul, die mich mit den Demonstrationen gegen den Krieg in Vietnam bekannt machten. Ich pflegte mit ihnen zu scherzen und zu sagen: „Diese Anti-Vietnamkriegs-Bewegung ist also wirklich eine kommunistische Verschwörung." Es war der Zeitgeist, der uns alle vereinte. San Francisco war Anfang 1967 wirklich die Stadt der brüderlichen Liebe.

Das einzige Mal, dass ich jemals bei einer Demonstration verhaftet wurde, war im April 1967. Ben, Paul und ich nahmen an einer Massendemonstration gegen den Ansturm der Touristen teil, die die Haight Street verstopften. Die Medien hatten den Hippies im Stadtteil Haight-Ashbury viel Aufmerksamkeit geschenkt. Mit dieser Aufmerksamkeit kamen auch die Touristen. Und mit den Touristen kam auch die langsame Zerstörung des einzigartigen kulturellen Phänomens, das sich dort entwickelt hatte. Die Idee der Demonstration bestand darin, die Haight Street an der Ashbury Kreuzung einfach zu blockieren. Die Polizei rief die Tausenden von Hippies auf, sich zu zerstreuen. Dann begann sie, uns zu arrestieren und von der Straße zu holen. Ich wurde von Ben und Paul getrennt und ging wieder auf die Straße, um sie zu suchen, und vergaß dabei für einen Moment, wo ich war. Plötzlich packte mich ein Polizist am Arm und begann, mich zu zerren und in den Polizeiwagen zu schieben. „Sie müssen mich nicht wie ein Tier behandeln, ich bin ein Mensch“, erinnerte ich ihn. Er ließ mich los, und ich ging in Begleitung des Polizisten weiter. Wie es das Schicksal so wollte, landeten Ben, Paul und ich im selben Wagen. Wir fuhren zum Landgefängnis von San Francisco. Solange ich mit meinen Freunden zusammen war, war alles sehr ausgelassen. Aber als sie entlassen wurden und ich zurückblieb, war das nicht mehr so prickelnd. Ich verbrachte dreißig der längsten Stunden meines Lebens im Knast. Unablässig betete ich zu Gott, dass er mich herausholen möge. Schließlich gelang es Ben und Paul, meine Freilassung ohne eine Kaution zu erwirken, und zwar durch dieselbe Organisation, die auch die beiden aus dem Gefängnis geholt hatte, wie es hieß. Ich wurde wegen Ungehorsams gegenüber einem Beamten, Widerstand gegen die Festnahme und Anstiftung zum Aufruhr angeklagt. Aber schließlich wurden alle Anklagepunkte fallen gelassen, und ich wurde auch zu keiner Geldstrafe verurteilt. Durch diese Erfahrung fühlte ich mich Ben und Paul viel näher, und so beschlossen wir, gemeinsam eine Kommune zu gründen. Wir fanden eine große Wohnung in der Clayton Street, zwischen Haight Street und Page. Sie lag genau im Herzen des Geschehens.

Um diese Zeit flog meine Mutter nach San Francisco, um mich zu „retten“. Sie war furchtbar besorgt und entsetzt, dass ich alle möglichen gefährlichen Drogen nehmen könnte. Die Zeitungen und das Fernsehen waren ja voll von Berichten über Hippies, die Drogen nahmen und aus Fenstern sprangen.

Ich hatte keine Ahnung, in welcher Verfassung meine Mutter war, als ich sie vom Flughafen abholte. Ich hoffte, sie würde die ganze Szene genauso faszinierend finden wie ich. Damals war ich noch sehr naiv!

Wegen eines Unfalls auf dem Highway 101 hatte ich eine Stunde Verspätung, als ich am Flughafen ankam. Ich fuhr den blauen Ford Fairlane, den mir meine Eltern zum Highschool-Abschluss gekauft hatten. „Schau dir dein Haar an“, war das Erste, was sie sagte, als sie mich auf die Wange küsste. Es war offensichtlich, dass sie verärgert war. „Wozu trägst du Perlen?“, wollte sie sofort wissen.

„Ach, das ist nur eine neue Mode“, antwortete ich und versuchte, sie zu beruhigen. Sams Freundin Jessica kam mit ihrer kleinen Tochter mit auf die Fahrt. Ich wusste, wie sehr meine Mutter Babys mochte, also dachte ich, es sei eine gute Idee. Jessica trug ein knallbuntes, bodenlanges Kleid in schockierendem Pink und Lila.

Meine Mutter beäugte sie misstrauisch. „Ist das dein Baby?“, fragte sie, da ihr das Aussehen von Jessica überhaupt nicht gefiel.

„Ja“, antwortete Jessica mit einem stolzen Lächeln.

„Bist du denn verheiratet?“, wollte meine Mutter wissen.

„Oh, nein“, sagte Jessica enthusiastisch. „Ich weiß nicht einmal, wer ihr Vater ist“, fügte sie vergnügt hinzu. Ich sank ein wenig tiefer in meinen Sitz und umklammerte das Lenkrad mit beiden Händen.

„Ich kann es nicht glauben“, sagte meine arme Mutter, als sie sich umdrehte. Sie klappte die Sonnenblende herunter und schaute in den Schminkspiegel. Sie richtete ihr Haar und trug frischen Lippenstift auf, während sie Jessica immer wieder einen Blick zuwarf. Sie hielt sie offensichtlich für eine Hure, die nun auf dem Rücksitz des Autos saß, das sie mir gekauft hatte.

Wir fuhren die Haight Street hinunter zu meiner Wohnung. „Die haben ja gar keine Schuhe an“, kreischte sie und schaute aus dem Fenster. „Wie können die ohne Schuhe herumlaufen?“ Jessica bedeckte leise ihre nackten Füße mit ihrem langen Kleid. Das Baby begann zu weinen, als meine Mutter ihre Stimme hob. Da entblößte Jessica ihre Brust und begann, das Baby zu stillen. Meine Mutter saß wie erstarrt, sagte kein Wort und klappte die Sonnenblende wieder hoch.

Ich dachte, es wäre gut für meine Mutter, in unserer Kommune zu bleiben, damit sie sehen konnte, was für ein großartiger Haufen von Menschen wir wirklich waren. Ich wusste nicht, dass meine Mitbewohnerinnen Marihuana-Kekse gebacken hatten, um sie zu begrüßen! Als sie die lange Treppe hinaufkam, begann sie zu schnuppern. „Was ist das für ein Geruch?“ Sie war sehr aufgeregt. „Ist es Dope?“ „Hier gibt es Dope!", schrie sie. „Bringe mich sofort ins Fairmont Hotel!“, forderte sie. Sie war jetzt außer Kontrolle. Und wie jeder, der die Kontrolle verliert, suchte sie nach einem vertrauten Ort. Während der ganzen Fahrt drohte sie mir. „Ich mache dich fertig, du kleiner Range. Glaubst du, dein Vater gibt zehntausend Dollar für deine College-Ausbildung aus, damit du als Drogensüchtiger endest?" „Du hast den Verstand verloren, sieh dich doch mal an!" Zu diesem Zeitpunkt wollte ich einfach nur, dass sie die Klappe hielt. Ich war zu jung, um ihre Ängste zu verstehen. Ich konnte damals nur feststellen, dass sie den Verstand verloren hatte.

In der eleganten viktorianischen Lobby des Fairmont Hotels drehte sie sich zu mir um und forderte: „Gib mir die Autoschlüssel!"

„Aber Mama!" Ich versuchte, sie zur Vernunft zu bringen, sah aber ein, dass es keinen Sinn hatte. Dies war der letzte Trumpf einer verzweifelten Mutter. Außerdem war das Auto aus versicherungstechnischen Gründen noch auf ihren Namen zugelassen. Ich händigte ihr die Schlüssel aus.

„Warte nur, bis dein Vater davon erfährt", drohte sie mir.

Ich drehte mich um und ging durch die Drehtüren hinaus. Eine Seilbahn kam gerade den steilen Hang der California Street herauf. Ich hörte ihre Glocke bimmeln. In der Ferne der Bucht konnte ich die Gefängnis-Insel Alcatraz sehen. „Da gehört sie hin", dachte ich, als ich trotzig die großen Marmorstufen des Hotels hinunterstolzierte. Ich sprang in die Seilbahn. Wieder läutete die Glocke, und ich war nun wirklich auf mich allein gestellt. Meine Mutter flog zurück nach New York City und berichtete meinem Vater, dass ich aufgrund von LSD völlig übergeschnappt sei. Kurz danach erhielt ich einen Job bei der Post.

Im Mai 1967 war das Postamt der einzige Arbeitgeber, der Männer mit langen Haaren einstellte. Ich arbeitete in der Nachtschicht von zehn Uhr abends bis sechs Uhr morgens und begann tatsächlich Geld zu sparen. Ich hatte den Traum, nach London zu gehen und dachte, dass es dort wegen des Einflusses der Beatles und ihrer Musik freier sein würde.

Der Sommer 1967 sollte später als der „Sommer der Liebe" berühmt werden. Jedes Wochenende gab es im Golden-Gate-Park kostenlose Konzerte. Es wurde viel getanzt und gefeiert und eine Menge Drogen konsumiert. Gegen Ende des Sommers stellte ich fest, dass der

Drogenkonsum außer Kontrolle geriet. Die meisten Hippies konsumierten nur psychedelische Drogen wie Marihuana und LSD, viele andere wagten sich in den einst verbotenen Bereich der Betäubungsmittel. Viele Leute, die ich kannte, nahmen sogar täglich LSD und „Speed".

Im Laufe des Sommers wurde die Musik immer intensiver, die Menschenmassen schwollen auf Tausende an, und die „Ausraster" häuften sich. Ich machte mir Sorgen, als ich sah, wie meine Freunde dem Speed verfallen waren. Sie wurden dünner und ihre Hautfarbe war bleich. Sie hatten tiefe Augen mit dunklen Ringen und schienen oft desorientiert zu sein. Eine Frau, die ich kenne, wurde so extrem, dass sie sich nicht mehr an mich erinnerte. Im September 1967 hatte ich das Gefühl, dass ganz Haight-Ashbury eine schlechte Wendung genommen hatte. Ich persönlich konnte meinen Traum von Liebe und Freiheit dort jedenfalls nicht verwirklichen. Ich wusste, dass ich irgendwann gehen müsste, wenn sich die Dinge nicht zum Besseren wendeten.

Mein Vater bot mir ein Hin- und Rückflugticket nach New York an, damit ich meine besorgte Mutter besuchen konnte. Er war der Meinung, dass es ihre Nerven beruhigen würde, wenn ich zwei Wochen mit ihr verbrächte und wenigstens so täte, als wäre ich normal. Da ich unbedingt zurück in den Osten wollte, um am Friedensmarsch zum Pentagon in Washington D.C. teilzunehmen und gegen den Krieg in Vietnam zu protestieren, bot sich mir so eine günstige Gelegenheit. Ich musste sowieso für eine Weile aus San Francisco raus.

Mein Besuch bei meiner Mutter war eine totale Katastrophe. Sie warf einen Blick auf mich mit meinem nun schulterlangen Haar und wurde hysterisch. Sie sagte meinem Vater, ich sollte in eine psychiatrische Anstalt eingewiesen werden. Aber der Friedensmarsch in Washington war dann doch die Reise wert. Eine halbe Million Menschen versammelten sich, um gegen den Krieg in Vietnam zu protestieren. Der Marsch führte uns vom Lincoln-Memorial zum Pentagon und dann zurück zum Washington-Monument. Ich erinnere mich noch gut daran, wie wir die Hauptstraße entlanggingen und die Brücke über den Potomac River überquerten. Militärhubschrauber flogen über unsere Köpfe hinweg. Soldaten mit Maschinengewehren säumten die Dächer der Gebäude entlang der gesamten Marschroute. Während wir unsere

Lieder sangen, hatten viele von uns das Gefühl, dass uns das kostbare Geschenk der Freiheit jederzeit wieder genommen werden konnte. Es fiel mir schwer zu verstehen, warum die Regierung der Vereinigten Staaten es für nötig hielt, die Friedensdemonstration mit so viel militärischem Gerät zu überwachen. Ich war in dem Glauben erzogen worden, dass wir eine „Regierung des Volkes, durch das Volk und für das Volk" hätten. Wir waren schließlich Bürger, die sich friedlich versammelt hatten, um ihre Meinung zu äußern.

Als wir das Pentagon erreichten, fanden wir uns mit Soldaten konfrontiert, die mit Bajonetten bewaffnet waren. Sie bildeten einen Ring um das Gebäude, um die Demonstranten am Betreten zu hindern. Viele von uns gingen mit Händen voller Blumenblätter, die von den Organisatoren ausgegeben worden waren, auf die Soldaten zu. Wir warfen die Blumen auf sie und sagten ihnen, dass wir sie lieben und dass wir doch alle Brüder seien. Aber sie blieben standhaft und ausdruckslos. Es hätten genauso gut Statuen sein können. Ich hielt mich einige Augenblicke zurück und beobachtete den Zusammenprall der Ideologien. „Es muss einen Ort geben, an dem ich meine Haare wachsen lassen, meine Meinung sagen und so sein kann, wie ich bin, ohne schikaniert zu werden", dachte ich. Im Oktober 1967 hatte ich nicht das Gefühl, dass dieser Ort mein eigenes Land sei, das ich doch liebte.

* * *

Ich blickte auf die Menschen, die sich beim Artemis-Treffen eingefunden hatten. Sie waren gespannt darauf, zu erfahren, wie ich Sai Baba getroffen und welche Erfahrungen ich gemacht hatte. Artemis strahlte mich mit einem wunderschönen Lächeln an. „Erzähle weiter, mein Lieber", sagte sie ganz sanft.

* * *

Ich erzählte ihnen, dass ich 1967 in San Francisco bei der Post arbeitete und so ein wenig Geld sparen konnte. Ich hatte immer davon geträumt, zu reisen. Und Ende 1967, desillusioniert und angewidert von der Hippie-Szene, beschloss ich, diese zu verlassen. Zuerst wollte ich nach London, denn die Beatles waren ja aus London. Ich war sicher, dass ich dort eine tolerantere Haltung gegenüber meinem Lebensstil finden würde. Im Februar 1968 kam ich in London an. Mein Vater schenkte mir das Flugticket von New York nach London. Er dachte, es sei gut für mich, etwas zu reisen und Europa zu sehen. Danach würde ich die Vereinigten Staaten sicher zu schätzen wissen. Vielleicht, so seine Überlegung, würde ich durch das Reisen zur Vernunft kommen und wieder zur Schule gehen, einen normalen Job annehmen und vor allem einen ordentlichen Haarschnitt bekommen. Er hätte sich nie träumen lassen, dass ich vier Jahre lang weg sein würde – ich auch nicht.

London war kalt und feucht. Ich wohnte bei einigen Hippies, die ich am Trafalgar Square getroffen hatte. Wir drängten uns in einer kleinen Wohnung, in der alle paar Stunden eine Schilling-Münze in einen Zähler gesteckt werden musste, um die Heizung und den Strom am Laufen zu halten. Ich erinnere mich, dass es in London meistens kalt und feucht war. Ich habe dort nicht mehr Freiheit gefunden als in San Francisco. Ich hatte sogar das Gefühl, dass man dort weniger tolerant war.

Von London aus bin ich nach Dover getrampt. Ich nahm die Fähre über den Ärmelkanal nach Calais, einer Stadt in Nordfrankreich. Von dort aus nahm ich einen Zug nach Paris. Auch in Paris war es im Februar 1968 kalt und feucht, aber nicht so kalt wie in London. Eine Erfahrung, die ich in Paris gemacht habe, ist mir besonders in Erinnerung geblieben. Ich wohnte in der Wohnung eines Freundes aus San Francisco. Dieser Freund war schon in Indien und Nepal gewesen. In seiner Wohnung hatte er einen Altar, auf dem Statuen von Buddha, Krishna und Bilder von verschiedenen Hindu-Heiligen und Gurus aufgestellt waren. Er erzählte mir ein wenig über Meditation. Eines Abends, als er nicht zu Hause war, beschloss ich, mich vor den Altar zu setzen und zu meditieren. Ich zündete eine Kerze und etwas Weihrauch an und löschte das Licht. Ich setzte mich mit gekreuzten Beinen auf ein Kissen auf dem Boden und schloss meine Augen. Bald fühlte ich mich, als würde ich in einem Ozean aus Licht schweben. Ein tiefes Gefühl des Friedens überkam mich. Es war ganz anders als die Erfahrung, von Marihuana oder LSD „high“ zu sein.

Nach einer Woche mit Besuchen in Museen und Cafés, beschloss ich, dass ich genug von Paris gesehen hatte. Ich fuhr in den Süden Frankreichs nach Marseille. Viele Hippies, die 1968 durch Europa reisten, fuhren entweder nach Marokko oder nach Istanbul. Beide Orte waren für ihre entspannte Haltung gegenüber dem Rauchen von Marihuana und dem Drogenkonsum ganz allgemein bekannt. Als ich in Marseille ankam, konnte ich mich nicht entscheiden, wohin ich gehen sollte, also warf ich eine Münze. „Kopf Marokko, Zahl Istanbul", sagte ich mir, als ich die Münze so hoch, wie ich nur konnte, warf – es war die Zahl. Eine französische Münze entschied also über mein Schicksal.

So machte ich mich auf den Weg nach Istanbul. Ich trampte entlang der Mittelmeerküste im Süden Frankreichs und in Norditalien. Ich machte Halt in Genua, Pisa, Florenz und Venedig. In Venedig schloss ich mich einigen amerikanischen Reisenden an, die mich in ihrem VW-Bus bis nach Istanbul mitnahmen. Wir verließen Norditalien, fuhren durch Zentraljugoslawien und machten in Belgrad Halt. Von dort aus ging es weiter nach Nordgriechenland. Es war bereits Ende März 1968, als wir die griechisch-türkische Grenze erreichten. An der Grenze stiegen wir aus dem Bus und gingen ins Zollbüro, um unsere Pässe abstempeln zu lassen. Dort lernte ich India und Leela kennen. Sie sollten eine Schlüsselrolle dabei spielen, mich zu Sai Baba zu bringen.

Leela saß am Schalter des Zollbüros. „Es ist noch niemand da", sagte sie, als wir hereinkamen. Ich konnte an ihrem Akzent erkennen, dass sie aus New York kam.

„Hallo", sagte ihre Begleiterin, „mein Name ist India". Auch ich stellte mich vor. „Wir fahren alle nach Istanbul und dann weiter nach Indien", informierte mich India.

„Ist das wegen deines Namens?", fragte ich halb im Scherz.

„Oh, zum Teil wohl, aber seit ich ein kleines Kind war, hatte ich das Gefühl, dass es mein Schicksal ist, dorthin zu gehen", antwortete sie und sah mich ernst und durchdringend an. „Warum treffen wir uns nicht in Istanbul?", fügte sie hinzu, „dort können wir uns weiter unterhalten". Ich fühlte sofort eine Verbindung zu diesen beiden jungen Frauen. Also freute ich mich auf unser Wiedersehen. Wir einigten uns auf das Guilhane Hotel als Ort des Treffens.

Das Guilhane Hotel war eine Bruchbude. Aber es war billig und der Ort, an dem alle Hippies in Istanbul wohnten. Istanbul war für mich faszinierend. Die Minarette und Kirchtürme waren eine Skyline aus

Moscheen und Kirchen. Die Stadt war der Kreuzungspunkt zwischen Ost und West, zwischen Europa und Asien. India und Leela hatten es geschafft, eine ganze Mannschaft um sich zu scharen, so dass wir mit dreizehn Personen in zwei Zimmern des Hotels untergebracht waren.

Der Plan sah vor, dass India, Leela, ich und zwei andere zusammen mit einem Freund namens Steve in seinem Auto über Land nach Indien fahren. Der einzige Haken aber war, dass wir auf Steve warten mussten, denn er selbst musste noch auf Geld von Zuhause warten. Nun, nach etwa zwei Wochen hatte ich genug vom Warten und beschloss, weiterzufahren. Wir sagten, wir würden uns alle in Benares treffen. Es brauchte nicht viel, um mich zu überzeugen, überhaupt nach Indien zu gehen. Ich ging einfach dorthin, wohin mich der Wind wehte – mehr oder weniger. Drei Wochen brauchte ich, um auf dem Landweg von Istanbul nach Neu-Delhi zu gelangen. Ich bin getrampt, habe Busse genommen und bin sogar gelaufen, wenn es nötig war. Ich reiste durch die Osttürkei, den Iran, Afghanistan und Pakistan und erreichte schließlich am 15. April Indien. Ich erinnere mich noch an die Einreise von Pakistan nach Indien in die Provinz Punjab. Das Erste, was der indische Zollbeamte zu mir sagte, war: „Willkommen in Indien, es ist unsere Pflicht, Ihnen zu dienen.“ Ich fühlte mich sofort wie zu Hause. Die Sehenswürdigkeiten, die Geräusche und Gerüche kamen mir alle bekannt vor. Es war, als ob ich schon einmal dort gewesen sei.

Im April war es in Nordindien extrem heiß, so dass ich die meisten meiner Fahrten nachts unternahm. Ich trampte den ganzen Weg von Neu-Delhi nach Benares auf Lastwagen und hielt in Agra an, um einmal das Taj Mahal zu sehen. In Benares fühlte ich mich natürlich zu den Sadhus hingezogen. Sie gelten als heilige Männer, die dem weltlichen Leben abgeschworen haben und ohne Besitz leben. Viele von ihnen rauchten eine Mischung aus Haschisch und Tabak in Tonpfeifen, den sogenannten „Chillums“. Sie hatten lange Haare und Bärte, genau wie ich. Wir kamen also gut miteinander zurecht. Für zwei Rupien pro Tag wohnte ich auf einem Hausboot direkt am Ganges und verbrachte den Tag rauchend mit den Sadhus. Es war viel zu heiß, um dort auf unbestimmte Zeit auf Leela und India zu warten. Also reiste ich im Mai nach Kathmandu in Nepal weiter.

Nach zwei Tagen in Bussen und Lastwagen kam ich in Kathmandu an. Im Vergleich zu den Ebenen in Nordindien war es dort relativ kühl und angenehm. Ich kehrte in einem Dorfhaus ein, das auf halbem Weg zwischen Kathmandu-Stadt und dem kolossalen Swayambhunath-Tempel, dem „Affentempel", lag, zwei Kilometer außerhalb der Stadt. Das Haus lag gerade hoch genug in den terrassenförmig angelegten Reisfeldern, um einen Panoramablick auf die Skyline von Kathmandu mit ihren Pagodentempeln zu bieten. Ich verbrachte fünf glückliche und friedliche Monate im wunderschönen Kathmandu Tal.

Eine der Möglichkeiten, mir die Zeit zu vertreiben, bestand darin, den Hügel zum Swayambhunath-Tempel hinaufzusteigen. Am Fuße der langen Treppe, die zum Stupa hinaufführte, der angeblich eine Reliquie des Buddha enthielt, waren riesige Buddha-Statuen in der Lotos-Haltung aufgestellt. Sie waren in leuchtenden Farben wie Rot, Blau, Gelb und Grün angemalt. Eines Tages, bevor ich die lange Treppe zum Stupa hinaufstieg, kletterte ich auf den Schoß einer der Statuen. Ich machte es mir bequem und lehnte meinen Kopf an die Brust des Buddha. Ich schloss meine Augen und betete: „Lieber Herr, lass mich den Buddha, den Dharma und die Sangha finden." (Sangha bedeutet „satsang" oder „gute Gesellschaft".)

Am Ende der Monsunzeit, die bis September andauerte, verließ ich Kathmandu und reiste durch Nordindien zurück nach Benares. Von dort aus fuhr ich über Bombay nach Goa. In Goa traf ich dann India und Leela. Zehn Monate waren vergangen, seit wir zusammen in Istanbul waren. Von Goa aus machten wir drei uns auf die Pilgerreise, um unseren Guru zu finden. Auf dem Weg dorthin erkrankte ich an Hepatitis. Ich verließ meine spirituellen Schwestern im Süden und flog zurück nach Bombay. Von dort aus wollte ich nach New York zurückfliegen, aber ich durfte das Flugzeug nicht besteigen, weil ich eine ansteckende Hepatitis hatte. Die Beamten von Air India arrangierten für mich in einem katholischen Missionskrankenhaus ein Krankenhausbett. Es lag genau gegenüber dem kürzlich errichteten Zentrum für Sathya Sai Baba namens „Dharmakshetra". Während meines Aufenthalts im Krankenhaus hörte ich viele Geschichten über die Wunder von Sai Baba. Aber trotzdem zog es mich nicht zu ihm. Nachdem ich mich erholt hatte, ging ich nach Norden, nach Almora in den Ausläufern des Himalayas.

Dort hatte ich meine erste wirklich spirituelle Erfahrung seit Paris, und zwar ohne den Gebrauch von Drogen. Ich gewann den Glauben an den spirituellen Weg und betete zu Gott, mich zu Ihm zu führen. Man gab mir ein Exemplar der Bhagavad Gita zu lesen. Nachdem ich sie lange Zeit studiert hatte, beschloss ich, nach dem nächsten Avatar nach Lord Krishna zu suchen. Ich war der festen Überzeugung, dass Lord Krishna im Zeitalter der Atombombe sicherlich inkarnieren würde, wie er es Arjuna im vierten Kapitel der Gita versprochen hatte. Den Avatar zu finden, wurde zu meiner Obsession. Es war mein ständiges Gebet, ihn zu finden und bei ihm zu sein. Obwohl ich immer wieder von Sai Baba und seinen Wundern hörte, wohin ich auch reiste, stellte ich die Verbindung nicht her, noch nicht.

Im Oktober 1969 kehrte ich nach Goa zurück. Im Jahr zuvor waren India, Leela und ich von dort aus zu unserer Pilgerreise aufgebrochen, um unseren Guru zu finden. Jetzt lebte India mit ihrer Schwester Marsha in einem kleinen Dorf südlich von Goa an der Westküste von Karnataka. Zuletzt hatte ich von Leela in Bangalore gehörte. Ich freute mich auf eine Saison an den wunderschönen weißen Sandstränden. Obwohl ich es nicht wusste, sollte dies die letzte Zeit sein, die ich mit Hippies verbringen würde, von denen ich mich schon während meiner spirituellen Suche im Vorjahr distanziert hatte.

Weihnachten stand vor der Tür und ich beschloss, dass es eine gute Idee wäre, ein großes Weihnachtsessen für alle Hippies am Calangute-Beach zu organisieren. India hatte es im Jahr zuvor arrangiert, und ich hatte ihr dabei geholfen, also würde es mir diesmal leichtfallen, es selbst zu organisieren. Ich sammelte Geld von so vielen Leuten, wie ich nur finden konnte, und auch zahlreiche Kerosinkocher und Kochutensilien kamen zusammen. Eines der wohlhabenderen Hippie-Ehepaare spendierte einen VW-Bus. Mit einer Gruppe von Helfern machten wir uns auf den Weg zum Markt, um genügend Lebensmittel für zweihundert Menschen einzukaufen. Unnötig zu sagen, dass wir ein wunderbares Weihnachtsfest hatten. Durch meine Bemühungen wurde ich als Gruppenleiter akzeptiert. Ich hatte den Ruf, ein „guter Kerl" zu sein.

Nach Weihnachten geschahen einige seltsame Dinge. Eines Tages aßen einer meiner Freunde und ich in meiner Hütte am Strand zu

Mittag. Ein junger Mann erschien völlig nackt in der Tür. Er bat uns, ihm zu helfen, und sagte, er wisse nicht, wer er sei, woher er käme oder wie er überhaupt an meine Tür gekommen sei. Mein Freund versuchte, das Ganze mit den Worten „Hast du ein Glück, ich versuche schon seit Jahren, das zu vergessen“ zu kommentieren. Er brachte ihm ein Paar Shorts und lud ihn zum Mittagessen ein. Schließlich blieb er eine Woche lang bei uns, bis er sein Gedächtnis wiedergefunden hatte. Die meisten seiner Sachen fanden wir noch am Tag seiner Ankunft am Strand verstreut. Selbst nachdem er sein Gedächtnis wiedererlangt hatte, konnte er sich nicht genau erinnern, was passiert war. Er war auf einer Party gewesen, hatte etwas getrunken, und danach war alles wie weggeblasen.

Nicht lange nachdem der nackte Mann vor unserer Tür aufgetaucht war, gab es einen weiteren seltsamen Vorfall. Als ich eines Tages am Strand spazieren ging, sah ich eine junge Frau, die mit dem Gesicht nach unten im Sand lag, aber so tat, als ob sie schwimmen würde. Ich versuchte, sie anzusprechen, aber sie schien mich überhaupt nicht wahrzunehmen. Sie fuhr einfach fort, im Sand ihre Schwimmbewegungen zu machen. Kurz nachdem ich sie gefunden hatte, tauchten ihre Freunde auf. Sie sagten, sie würden sich um sie kümmern. Ihnen zufolge war sie bereits in dieser Verfassung, als sie sie am frühen Morgen fanden. Sie konnten sich nicht erklären, was passiert war. Sie war eine Lehrerin aus Kanada, die in den Weihnachtsferien nach Goa gekommen war. Sie hatte noch nie LSD genommen und nur gelegentlich Marihuana konsumiert.

Der dritte Vorfall, der mich dazu veranlasste, Nachforschungen anzustellen, war eine Geschichte, die mir eine junge Griechin erzählte. Sie sagte, sie sei auf einer Party in einem Haus am Ende des Strandes gewesen. Es war von einer Gruppe deutscher Männer gemietet worden, die zwar „wie Hippies aussahen, aber“, so fügte sie hinzu, „ihre Ausstrahlung war eine andere.“ Sie sagte, dass sie ihr ein Getränk anboten, das ihrer Meinung nach ein wenig komisch schmeckte. Ihrem Instinkt folgend, trank sie es nicht aus. Aber das bisschen, das sie getrunken hatte, machte sie schon schläfrig. Das Nächste, woran sie sich erinnerte, war, dass zwei von ihnen sie festhielten und sie zwangen, den Rest des Getränks zu trinken. Dann wurde sie ohnmächtig. Als sie am nächsten Tag aufwachte, konnte sie sich an nichts mehr erinnern. Sie irrte ein paar Tage umher, bis ihr Gedächtnis zurückkehrte. Dann stellte sie fest, dass sie ausgeraubt worden war und alle Wertsachen verschwunden waren.

Ich beschloss, zu einzelnen Häusern am Strand zu gehen und die Leute zu befragen, was sie wussten oder was sie über diese Gruppe deutscher Männer am Ende des Strandes gehört hatten. Schließlich meldete sich ein paar Tagen später ein Informant. Es war einer der Männer, die mir beim Weihnachtsessen geholfen hatten und der nicht aus demselben gebildeten Mittelstand stammte wie die meisten Hippies dieser Zeit. Er war in einem städtischen Ghetto aufgewachsen und verbrachte einen Großteil seiner Jugend in Erziehungsheimen und Gefängnissen. Aber als er LSD nahm, brachte ihn die transzendentale Erfahrung, die er hatte, auf einen neuen Weg, der ihn schließlich dazu führte, dem „Hippie-Trail nach Indien" zu folgen.

Er hatte die deutsche Gruppe in Bombay getroffen und kam mit ihnen per Schiff nach Goa. Aufgrund seiner Herkunft verstanden sie sich gut. So blieb er eine Weile bei ihnen, bis er ihren heimtückischen Plan aufdeckte. Er erzählte mir, dass er sie für Neonazis hielt, die mit einer starken Droge namens „Skopolamin" nach Goa gekommen waren, um die Hippie-Szene hier zu zerstören. Er sagte, es handele sich in Wahrheit um ein Serum, das von den Nazis während des Zweiten Weltkriegs hergestellt und bei Folterungen von Kriegsgefangenen eingesetzt worden war. In hohen Dosen könne es zum völligen Verlust des Gedächtnisses und der Identität führen.

Nun, seine Geschichte klang für mich etwas weit hergeholt. Eines war jedoch klar. Allen bisherigen Opfern waren Geld und Pässe gestohlen worden. Daher vermutete ich, dass die Deutschen den Leuten diese Droge verabreichten, damit sie ihr Gedächtnis verlören, um sie dann zu bestehlen. Ihre Strategie bestand darin, eine Party zu veranstalten und ein paar unschuldige Hippie-Blumenkinder und ein paar andere ahnungslose Seelen einzuladen. Im passenden Moment nahmen sie ihr Opfer zur Seite und gaben ihm oder ihr die starke Droge. Wahrscheinlich waren sie auch mit der Dosis nicht sehr vorsichtig, so dass einige Leute wirklich ausflippten. Ich wusste, dass etwas getan werden musste, aber was? Ich beschloss, eine große Gruppe von Leuten zusammenzutrommeln. Wir trafen uns vor meiner Hütte am Strand. Nach einer langen Diskussion beschlossen wir, einen Überfall auf ihr Haus zu inszenieren, wenn sie gerade nicht da waren.

Als wir uns dem Haus näherten, war unsere Gruppe auf fast fünfzig Personen angeschwollen. Es war ein typisches Strandhaus in Goa, aus weißem Stuck mit Ziegeldächern und Fliesenboden. Die Fenster waren mit Holzläden verschlossen. Wir beschlossen, die Tür aufzubrechen und das Haus nach „Skopolamin", dem gestohlenen Geld und den Pässen zu durchsuchen. Innerhalb weniger Minuten fanden wir alles. Wir verbrannten das „Skopolamin" und nahmen die Pässe und das Geld mit. Die Opfer waren sehr froh, alles zurückzubekommen. Insgesamt waren es zwanzig Pässe! Aber die freudige Stimmung wurde durch die plötzliche Rückkehr der „Bande" getrübt. Als sie sahen, dass sie in der Unterzahl waren, beschlossen sie, lieber nichts zu unternehmen und zu kooperieren. Wir nötigten sie, ihre Sachen zu packen und „die Stadt zu verlassen", könnte man sagen. Einige Leute in der Gruppe wollten sie verprügeln, aber die anderen und ich waren entschieden gegen jegliche Gewalt. Es wurden wütende Worte gewechselt und Beschimpfungen ausgestoßen, aber wir schafften es, das Ganze ohne Gewalt durchzuziehen. Schließlich wollten wir ja „Blumenkinder" sein.

Dies war der „letzte Akt" meines Hippie-Lebens. Eigentlich war es eher eine Wiederholung des letzten Akts meines Hippie-Lebens in San Francisco. Goa war zweifellos freier und toleranter als San Francisco, aber das war nur eine Illusion, die durch den Rausch aufrechterhalten wurde.

Im April 1970 beschloss ich, nach Rishikesh – berühmt für seine Aschrams und heiligen Männer – zu fahren. Der Name bedeutet „Ort der Rishis". Ich dachte, ich würde vielleicht dort den Avatar finden, der in einer Höhle irgendwo in den nahegelegenen Hügeln versteckt lebte. Aber ich fand niemanden, zu dem ich mich auch nur im Entferntesten hingezogen fühlte, um bei ihm zu bleiben. Zu diesem Zeitpunkt war ich schon sehr entmutigt. Ich dachte daran, Indien zu verlassen und nach Hause reisen. Aber es gab noch einen Ort, den ich besuchen wollte: das Kulu-Tal. Ich hatte viel von seiner Pracht gehört.

Auf dem Weg dorthin traf ich an einer Bushaltestelle einen Freund, der India und ihre Schwester Marsha kannte. Er hatte einen Brief von ihnen bei sich. Darin schrieben sie, dass sie jetzt im Aschram von Sathya Sai Baba wohnten. Sie glaubten, er sei der inkarnierte Herr selbst. Diese Nachricht brachte mich wirklich ins Grübeln. Ich hatte auf meinen Reisen schon so viel über ihn gehört. Als ich Manali am Ende des Kulu-Tals erreichte, schrieb ich an India und fragte, ob ich dorthin kommen solle. Sie schrieb zurück, dass Sai Baba derjenige sei, nach dem wir die ganze Zeit gesucht hätten – und innerhalb weniger Tage war ich auf dem Weg zu ihm.

Von Anfang hat mich Sai Baba tief berührt. Ich hatte das große Glück, ihm sehr nahe zu sein und viele seiner berühmten Wunder persönlich zu erleben. Aber das größte Wunder von allen war seine Liebe. Er behandelte uns alle so liebevoll, als wären wir seine Kinder. Seine Erklärungen über das Wesen Gottes und den spirituellen Weg waren total klar und einfach. Aus ihm strahlte Erleuchtung, wenn er mit uns sprach. Er wusste alles über uns und die intimsten Geheimnisse unseres Geistes. Zwei Jahre lang sonnte ich mich in dem warmen Schein seines liebevollen Schutzes und seiner Gnade. Ich fühlte mich in seiner Gegenwart vollkommen erfüllt. Ich dachte, meine Suche sei vorbei. Ich hatte Gott in Menschengestalt gefunden, den Avatar. Aber wegen Visa-Problemen musste ich für ein paar Monate in die Vereinigten Staaten zurückkehren.

* * *

Die Leute in Artemis' Meditationsgruppe applaudierten laut, als ich meine Geschichte beendet hatte. Artemis erhob sich von ihrem Stuhl und umarmte mich. „Das war wundervoll, mein Lieber", sagte sie, „wir sind so glücklich, dass Sai Baba dich zu uns geschickt hat."

PRIVATE ROOM

DER SOMMERKURS

Es gelang mir, drei Monate in New York zu verbringen, mit einem kurzen Abstecher nach Florida, um meine Eltern zu besuchen. Meine Mutter war nun davon überzeugt, dass ich durch eine „Gehirnwäsche“ zu der Überzeugung gelangt sei, dass mein Guru tatsächlich Gott sei. Sie bestand darauf, dass es an dem ganzen LSD lag, das ich genommen hatte. „Bevor du nach Indien gegangen bist, hast du Drogen genommen“, klagte sie, „und du hattest diese schrecklich langen Haare! Jetzt rauchst du nicht, du trinkst nicht, du isst kein Fleisch, du gehst nicht mit Mädchen aus. Was bist du, ein Zombie?“ Sie meinte, sie könne nur glücklich werden, wenn ich meinen lächerlichen Lebensstil aufgäbe, einen anständigen Job bekäme und heiraten würde. „Du hättest so erfolgreich sein können“, jammerte sie immer wieder.

Was konnte man von einer jüdischen Mutter schon erwarten? Mein Vater sagte nur: „Wenn du an diesen ganzen Mist glauben willst, ist das deine Sache.“ In New York lieh ich mir von Artemis sogar einen Film über Sai Baba aus und zeigte ihn meiner Schwester. Am Ende des Films gähnte sie, küsste mich auf die Wange, um ihr Make-up nicht zu verschmieren, und sagte, sie müsse jetzt ihre Kinder abholen.

„Deine Eltern wissen nichts über Swamiji", hatte mir Sai Baba in Madras so liebevoll gesagt. „Geh' hin und erzähl ihnen etwas, dann wirst du ja sehen."

Der noch ungenutzte Rückflug meines Air India Tickets „brannte mir förmlich ein Loch in die Tasche". Also beschloss ich nach drei Monaten, wieder nach Indien zurückzukehren, wie Sai Baba es vorgeschlagen hatte. Aber als ich versuchte, in New York beim indischen Konsulat ein Visum zu bekommen, wurde ich abgewiesen. Auf Artemis' Rat hin ging ich nach Kanada und versuchte es in Ottawa. Es funktionierte. Ich bekam einen neuen Pass und tat einfach so, als wäre ich noch nie in Indien gewesen. Sie gaben mir ein dreimonatiges Touristenvisum. Ich aber wollte zurück nach Indien, um für immer bei Sai Baba zu bleiben. Er hatte mir ja gesagt, ich solle immer nur seine Adresse angeben und würde so niemals Schwierigkeiten mit meinem Visum haben.

Nur wenige Tage vor meiner Abreise nach Indien erhielt ich die Nachricht, dass Sai Baba in Neu-Delhi sein würde. In der Nacht vor meiner Abreise erschien mir Sai Baba sogar im Traum, umarmte mich herzlich und sagte: „Willkommen zurück in Indien."

Gegen Ende März 1972 kam ich in Neu-Delhi an. Sai Baba wohnte im Haus von Sohan Lal an der Golf-Links-Road in einem Wohngebiet außerhalb des Stadtzentrums. Tausende von Menschen verstopften die Straßen rund um das Haus. Als ich ankam, hatte ich keine Ahnung, wie ich in seine Nähe kommen sollte, um einen Darshan, den Anblick und die Gegenwart eines Heiligen Mannes, zu bekommen. In der Menge traf ich eine Dame namens Muriel aus Santa Barbara, Kalifornien. Sie sagte, dass Gäste und ausländische Devotees auf das Gelände des Hauses von Sohan Lal gelassen würden. Wir brauchten uns nur zum Tor zu begeben, und die Helfer würden es öffnen und uns hineinlassen. Als wir am Tor ankamen, war das Gedränge der Menschen so groß, dass ich fast panisch reagierte. Muriel sagte mir, ich solle loslassen, tief durchatmen und Swamiji innerlich aufnehmen. Es funktionierte. Obwohl wir angerempelt und herumgeschubst wurden und beinahe auf der Einfahrt gestürzt wären, schafften wir es, ohne Verletzungen hineinzukommen.

Innerhalb der Gartenmauern angekommen, genoss ich die süße Aufmerksamkeit von Sai Babas Lächeln und seiner täglichen Begrüßung.

Nach Neu-Delhi folgten alle Ausländer Sai Baba zurück nach Whitefield, seinem Hauptquartier außerhalb von Bangalore. Ich mietete ein Zimmer in dem nahegelegenen Dorf Kadugodi. In jenen Tagen verlief der Darshan in Whitefield entlang einer gesäumten Einfahrt, die vom Tor zu Sai Babas Privatgelände bis hin zum Eingangstor an der Straße führte.

Eines Tages saß ich in der Nähe des Tores zur Bungalowanlage. Ich saß auf der Männerseite, gegenüber von Michelle, Marsha und India. Sai Baba kam heraus und ging direkt zu ihnen hinüber. Er erzählte ihnen, dass er im Sommer Kurse über indische Kultur und Spiritualität abhalten würde. Ich spitzte meine Ohren, um zu hören, was er zu sagen hatte. Ich konnte nicht warten, bis der Darshan vorbei war, um herauszufinden, was er genau zu ihnen gesagt hatte.

Offenbar erzählte er Michelle von einem einmonatigen Seminar, das für Mitte Mai bis Mitte Juni geplant war. Es würden Lehrer und Gelehrte aus ganz Indien und auch aus dem Ausland teilnehmen. Er plante, dreihundert Studenten aus ganz Indien einzuladen. Ob auch Ausländer als Studenten eingeladen werden würden, blieb unklar. Natürlich wurde in Whitefield von da an nur noch über den bevorstehenden Sommerkurs gesprochen. Die Hauptsorge war, wer eingeladen werden würde und wer nicht. Es wurde auch gemunkelt, dass Sai Baba den ganzen Monat lang jeden Abend eine Ansprache halten würde. Ich hatte nur einen Gedanken im Kopf. Ich musste dorthin gehen.

Innerhalb weniger Tage kam eine Nachricht aus Sai Babas Bungalow, dass er nach einem „alten Mann“ suche, der einige Jahre zuvor in Puttaparthi Schilder gemalt hätte. Er wollte, dass dieser Mann weitere Schilder für den Sommerkurs malte. Ich vermutete, er könnte mich gemeint haben. Ich war der Einzige aus der ursprünglichen Gruppe von Ausländern, die im September 1970 Schilder gemalt hatten. Als ich damals ankam, hatte Sai Baba mich „Neuer Mann“ genannt. Vielleicht war ich also jetzt, nach zwei Jahren, ein „Alter Mann“ im Gegensatz zu einem „Neuen Mann“. Es war eine großartige Rationalisierung. Wenn es funktionierte, nun ja ... Ich meldete mich freiwillig und versicherte dem Boten, dass Sai Baba mich meinte. Ich erzählte ihm, dass ich früher schon Zeichen gemalt hätte und auch Künstler sei. Ich verbrachte die ganze Nacht damit, die Daumen zu drücken. Ich wusste, dass jede Gelegenheit, Sai Baba zu dienen, zusätzlichen Darshan und weitere gute Chancen hervorbrachte.

Am nächsten Tag wurde ich in den Bungalow gerufen. Sai Baba gab mir Padanamaskar und wies einige Studenten an, mich hinter dem College-Gebäude, in der Nähe der Küche, die wir 1970 hatten, mit Farbe und einem Arbeitstisch auszustatten. Sai Baba sorgte dafür, dass ich alle notwendigen Werkzeuge für die Schildermalerei hatte. Ein zusätzlicher Bonus war, dass ich angewiesen wurde, das gesamte Material jeden Abend, wenn ich fertig war, im Hinterzimmer des Bungalows zu lagern. So hatte ich freien Zugang und konnte ein- und ausgehen, wie ich wollte. Zu meiner Überraschung kam Sai Baba jeden Tag nach dem Darshan dorthin zurück, wo ich gerade malte. Er schaute immer nach, um zu sehen, was ich tat, und gab mir oft Vorschläge, wie die einzelnen Zeichen aussehen sollten. Ich liebte besonders diese Momente, in denen es nur ihn und mich gab, und der Rest der Welt nicht existierte.

Als die Zeit für den Beginn des Sommerkurses näher rückte, rief Sai Baba Michelle und sagte ihr, dass er Anstecker für die Frauen haben würde. Ich fragte sie am Abend, ob er die Männer überhaupt erwähnt habe, aber sie verneinte. Ich beschloss, meinen ganzen Mut aufzubringen und ihn im Namen der westlichen Männer zu fragen, ob er auch ihnen Anstecker geben würde oder nicht. Die Gelegenheit bot sich mir, als ich eines Nachmittags die Utensilien für die Mittagspause wegräumte. Sai Baba kam aus seinem Esszimmer auf die hintere Veranda mit einem kleinen Teller mit Prasad, also gesegnetem Essen. „Hier Rowdy“, sagte er, als er ihn mir reichte, „iss!“

„Swami“, rief ich mit sanfter Stimme. Er drehte sein Ohr zu mir und sah mich an, wie er es oft tat, wenn er jemandem zuhörte. Sein Haar streifte fast mein Gesicht. Ich bekam etwas wackelige Knie und fuhr fort: „Gibst du auch den Männern Abzeichen?“

„Was?“, er schaute mich an, als hätte er mich nicht gehört oder verstanden.

„Abzeichen für die Männer, für den Sommerkurs“, wiederholte ich etwas lauter.

„Keine gute Kleidung“, sagte er scharf. „Sag‘ es ihnen!“ Er drehte sich um, ging in seinen Essraum und kam mit noch mehr Prasad wieder heraus. Diesmal ging er direkt an mir vorbei zu den anderen Arbeitern, die sich dort aufhielten. Jetzt war ich an der Reihe. Ich musste zu den anderen Männern gehen und ihnen sagen, dass Sai Baba (mit vielen Worten) gesagt habe, sie sähen richtig schlampig aus, und er würde ihnen keine Abzeichen geben. Ich musste diplomatisch vorgehen, denn einige hatten bereits das Gefühl, dass sie „da draußen in den Darshan-Reihen verhungerten“, während ich hinten so „gute Chancen“ hätte. Meine Übermittlung der Botschaften kam also nicht so gut an.

Einige Tage später sahen manche Männer schon viel besser aus, hatten sich sogar die Haare schneiden lassen und sich rasiert. Sie trugen nun saubere, weiße, gebügelte Kleidung. Ich fühlte mich durch ihre Bemühungen ausreichend ermutigt, Sai Baba ein weiteres Mal zu fragen. Eines Nachmittags, als er mir über die Schulter zuschaute, während ich Schilder malte, drehte ich mich plötzlich um und fragte ihn: „Swami, was ist mit den Männern?“

„Ich werde sehen“, war seine Antwort, während er davonging. Nach einigen weiteren Tagen dachte ich, ich würde es noch einmal versuchen. Aber als ich ihn fragte, sagte er nur: „Das ist nicht Ihre Angelegenheit, Sir.“ Also ließ ich es dabei bewenden.

Als der Tag der Abrechnung kam, rief Sai Baba Michelle auf die hintere Veranda seines Bungalows und gab ihr elf Abzeichen für die Frauen. Über die Männer wurde nichts gesagt. Ich stand in der Nähe. Sai Baba sah mich an und rief mich zu sich herüber. „Keine Abzeichen für die Männer“, sagte er und schüttelte seinen Finger, „keine gute Kleidung“.

„Und was ist mit mir?“, flehte ich ohne Zögern.

Er änderte seinen Tonfall radikal und sagte in einer sehr liebevollen Art und Weise: „Für dich habe ich eins“, während er mir zwei Ausweise überreichte. „Wo ist dieser andere Mann, dieser Arzt aus England?“, fragte er mich, „Gib ihm das.“ Es gab einen jungen Engländer namens John, der Medizin studierte. Seit seiner Ankunft hatte er viele Interviews, und ich wusste, dass er es war, von dem Sai Baba sprach. Als ich ihn fand und ihm seinen Ausweis gab, war er nicht im Geringsten überrascht. Sai Baba hatte ihm in seinem letzten Interview gesagt, dass er ihn zum Sommerkurs einladen würde.

Der Sommerkurs begann im Mai 1972. Es war ein wunderbarer Monat. Jeden Tag gab es mindestens fünf Vorträge von verschiedenen Gelehrten. Abends hielt Sai Baba seine göttliche Ansprache und klärte alle Zweifel und beantwortete alle Fragen der Studenten. Er kam auch und ging während jeder Unterrichtsstunde und jeder Mahlzeit umher.

Inmitten des Sommerkurses verstarb Sai Babas Mutter. Eines Morgens, während der Yogastunde vor dem Frühstück, hörten wir einen Schrei aus dem Inneren des Hauses. Sai Baba kam die Hintertreppe heruntergerannt. Als die Yogastunde zu Ende war und das Frühstück begonnen hatte, machte die Nachricht bereits die Runde. Viele Studenten waren besorgt, dass Sai Baba den Sommerkurs absagen und nach Puttaparthi gehen könnte, um den Tod seiner Mutter zu betrauern, wie es die hinduistische Tradition vorgibt, aber einige von uns betrachteten Sai Baba nicht als Hindu. Er war der Herr der Hindus, wie er auch der Herr aller Religionen war. Um unsere Befürchtungen zu zerstreuen, kam er während des Frühstücks heraus und ging mit einem großen, liebevollen Lächeln umher, scherzte und tätschelte den Leuten auf seine charakteristische Art den Kopf. Der Tod seiner Mutter berührte ihn nicht im Mindesten. Am Abend hielt er eine Ansprache, in der er sagte, dass es für Sai Baba keine Mutter und keinen Vater gebe. Er sei in der Tat die Mutter und der Vater der gesamten Menschheit.

Eines Morgens vor Unterrichtsbeginn saßen John und ich zusammen in der Mitte einer Darshan-Reihe. Da kam Sai Baba heraus. Er zwängte sich durch unsere Reihe und stand direkt vor uns beiden. „Wie geht es Ihnen, Sir?“ Er strahlte John an.

„Ich habe viele Zweifel“, antwortete John in seinem Oxford-Englisch-Akzent.

Sai Baba schaute mich an: „Was hat er gesagt?“

„Swami“, meldete ich mich zu Wort, „er sagt, er habe viele Zweifel“.

„Ja, ja, er hat einen verschmutzten Verstand“, lachte Sai Baba.

„Dann musst du meinen Geist reinigen, Swami“, antwortete John.

„Nein, nein, das ist nicht meine Arbeit. Das ist dein Werk. Ich bin nur ein Wegweiser“, sprach's und fasste John an die Wange und meinte, während er wegging: „Rowdy!“ Bei einer anderen Gelegenheit, während einer Abendveranstaltung, kritisierte er die Professoren dafür, dass sie die Anwesenden als „Freunde“ ansprachen. Er sagte, sie sollten stattdessen „Brüder und Schwestern“ sagen. Am nächsten Morgen begann eine Dozentin ihren Vortrag mit „Freunde“. Sai Baba stand im Seitengang, in der Nähe meines Sitzplatzes. Er sah mich an und machte ein komisches Gesicht. Ich lachte. Plötzlich wurde er ernst und sagte: „Hey, lach' nicht, wir sind hier nicht in Amerika, hier spricht eine Dame!“. Ich fühlte mich kleiner als ein Wurm. Alle drehten sich um und sahen mich an. Sai Baba ging weiter und nahm auf dem mit einer besonderen Seide überzogenen Stuhl, der eigens für ihn aufgestellt worden war, um den Vorträgen zuzuhören, wenn er es wollte, Platz. Manchmal stand er dort hinten und schnitt Gesichter über die verschiedenen Dinge, die von den Vortragenden gesagt wurden. Einmal, als ich in seiner Nähe saß, flüsterte er mir zu: „Nur Buchwissen, keine Erfahrung.“

Während des Sommerkurses schloss ich Freundschaft mit einer Gruppe von Studenten aus Neu-Delhi. Wir überlegten, Studentenbusse zu organisieren, um alle Studenten, die nach dem Sommerkurs nach Puttaparthi fahren wollten, dorthin zu bringen. Man erwartete, dass Sai Baba mitkommen würde. Da ich der Älteste war, beschloss man, dass ich die Erlaubnis von Sai Baba einholen solle. Am Tag nach dem Ende des Sommerkurses rief Sai Baba alle männlichen Studenten in die vordere Halle seines Bungalows. Wir saßen auf dem Boden um seinen Stuhl herum. Unsere Zahl schwoll auf mehr als einhundert an. Er fragte uns, wie uns der Sommerkurs gefallen habe. Er schien so stolz auf alle zu sein und strahlte vor Liebe und Zuneigung. Am Ende seiner Ansprache sagte er, dass er allen seine Adresse geben würde. Er ließ seine Hand in der Luft kreisen und holte einen Stapel seiner Visitenkarten hervor. Sie waren mit einem Gummiband umwickelt. Er entfernte das Gummiband und verteilte eine Karte an jeden Schüler. Auf jeder war ein Bild von ihm und seine Adresse in Prashanti Nilayam aufgedruckt. Nachdem er sie alle verteilt hatte, blieben noch vier übrig. Vier Studenten waren nicht zum Interview gekommen. „Geh' und rufe sie herbei", forderte er einen der Schüler auf, der wusste, wo sie waren. Nach ein paar Minuten kam der Junge mit den anderen vier zurück. Sie waren traurig, dass sie das Interview verpasst hatten, aber sie freuten sich über das Geschenk seiner Karte und darüber, dass er an sie gedacht hatte.

An diesem Abend verteilte Sai Baba in der vorderen Halle Prasad an alle Dozenten und Gäste. Auch ich war dabei und versuchte, jeden Anblick der göttlichen Gestalt zu erhaschen, aber ich hatte keine Gelegenheit, nach den Bussen zu fragen. Nach einer Weile wurden wir alle zum Abendessen mit Sai Baba in den hinteren Teil des Bungalows, in dem der Sommerkurs stattgefunden hatte, gerufen. Als ich am Haus vorbeiging, trat gerade Sai Baba aus der Tür des Interviewraums. Er verteilte Pakete mit Vibhuti aus einer roten Plastiktüte. „Swami", fragte ich, „können wir Studentenbusse nach Prashanti Nilayam organisieren?"

„Oh ja, arrangiere das", antwortete er, während er mir mehrere Päckchen Vibhuti reichte. Ich kniete nieder und berührte seine Füße.

Am nächsten Morgen waren alle Teilnehmer des Sommerkurses auf der Auffahrt versammelt und warteten auf den Balkon-Darshan. Sai Baba kam heraus und verkündete allen Anwesenden zu meiner großen Überraschung, dass ich Studentenbusse organisiert hätte, einen für die Frauen und einen für die Männer. Sie sollten am nächsten Tag um 13 Uhr seinem Auto nach Puttaparthi folgen – und ich war noch nicht einmal nach Bangalore gefahren!

Man könnte sagen, dass Sai Baba mich wirklich festgenagelt hatte. Ich hatte nicht nur die Busse nicht organisiert, ich hatte nicht einmal eine Ahnung, wohin ich in Bangalore gehen sollte, um das zu erledigen. Aber er hatte gerade allen Studenten verkündet, dass ich es getan hätte. Natürlich waren alle sehr aufgeregt und bedankten sich bereits ausgiebig bei mir. Ich musste schnell handeln. Ich rannte zum Haupttor, und dank eines glücklichen Zufalls oder des Schicksals stand eine Motor-Rikscha bereit, die mich nach Bangalore brachte. Schnurstracks eilte ich zum Regent-Guest-House zu meinem Freund Haron, auf den ich immer zählen konnte. Er gab mir die Adresse eines Charterbus-Unternehmens. Nachdem ich mich in der brütenden Mittagshitze durch ein Labyrinth von Straßen in der Innenstadt von Bangalore gewunden hatte, kam ich dort schließlich an. Der Ort war völlig menschenleer. Ich machte eine Menge Lärm, bis schließlich ein Mann, der nur mit einem Lunghi bekleidet war, herauskam. Er aß offensichtlich gerade sein Mittagessen, als ich auftauchte. „Zehn Tage Voranmeldung erforderlich“, teilte er mir in seinem indischen Englisch mit. Ich flehte den Mann an und sagte ihm, dass es für Sai Baba sei. „Sai Baba, Sai Baba“, wiederholte er. „Wir haben so viele Babas“, murmelte er, als er wieder ins Haus ging. „Sie warten bitte“, sagte er noch. Nach etwa einer Stunde kam ein anderer Mann heraus. Er setzte sich hinter einen Schreibtisch und holte einige Papiere aus einer Schublade. Nachdem er die üblichen Formulare in dreifacher Ausfertigung ausgefüllt hatte, versicherte er mir, dass die Busse am nächsten Tag um 12.30 Uhr da sein würden. „Machen Sie sich keine Sorgen“, meinte er zuversichtlich.

Am nächsten Tag wuselten alle herum, um sich auf die unvermeidliche Abreise von Sai Baba nach Puttaparthi vorzubereiten. Bereits um elf Uhr dreißig versammelten sich zahlreiche Studenten auf der Auffahrt und warteten gespannt auf die Ankunft der Busse. Um ein Uhr gab es immer noch keine Busse. Sai Baba stieg, vom traditionellen Trara begleitet, in sein Auto und fuhr nach Puttaparthi, lächelte und winkte den enttäuschten Studenten zu. Gerne hätte ich irgendwo ein tiefes Loch gegraben und mich darin versteckt. Um neun Uhr abends kamen die Busse endlich an. Dr. Gokak, der für den Sommerkurs verantwortlich war, kam aus seinem Haus und schlug vor, dass die Busse wegen der späten Stunde erst am nächsten Morgen abfahren sollten. Unter den Studenten gab es einen lauten Aufschrei des Protestes. Der arme Dr. Gokak musste nachgeben, und um zehn Uhr abends ging es dann los.

Nach einigen kleineren Pannen und Reparaturen kamen wir um vier Uhr morgens in Prashanti Nilayam an. Ich hatte solche Angst, dass Sai

Baba mich dafür verantwortlich machen würde, dass ich die Studenten mitten in der Nacht zum Aschram gebracht hatte. Aber es wurde nichts gesagt. Herr Kutumba Rao, der offizielle Leiter des Aschrams, war da, um die Busse zu begrüßen und alle zu ihren Zimmern zu führen. Beim morgendlichen Darshan lächelte mich Sai Baba an. Die nächsten Tage verbrachte er damit, kleinen Gruppen von Studenten Interviews zu geben. Viele von ihnen mussten wieder abreisen und nach Hause zurückkehren. Für die verbleibende Gruppe von etwa vierzig oder fünfzig Studenten beschloss er, seinen eigenen Bus zu besorgen und uns alle nach Anantapur zu bringen. Dieses Mal durften wir wirklich seinem Auto folgen. Auf halbem Weg dorthin stieg er aus seinem Auto und setzte sich zu uns in den Bus. Zu meinem Glück hatte ich einen Platz am Gang, und er setzte sich mir genau gegenüber. Er scherzte und neckte mit allen und tat so, als wäre er einer der Schüler. Dann stand er auf, ging den Gang auf und ab, segnete alle und stieg wieder aus dem Bus aus. Unsere kleine Karawane zog dann weiter nach Anantapur.

In Anantapur angekommen, erwies sich Sai Baba als äußerst liebenswürdiger Gastgeber. Er führte uns persönlich durch das College, das er 1971 für Mädchen gebaut hatte. Wir blieben dort über Nacht. Alles in allem war es eine wunderbare und besondere Zeit.

DAS EMPFEHLUNGSSCHREIBEN

Kurz nachdem wir aus Anantapur zurückgekehrt waren, ging Sai Baba nach Whitefield. Es war nun schon Ende Juni 1972. Mein dreimonatiges Touristenvisum war fast abgelaufen. In dem Interview letztes Jahr zu Weihnachten in Madras, hatte Baba mir gesagt, ich solle mein Visum in Anantapur registrieren lassen, denn er meinte: „Sie sind jetzt alle Devotees.“ Ich beschloss, dass ich besser seine Erlaubnis einholen sollte, bevor ich nach Anantapur fuhr, um mein Visum zu verlängern. Im Garten, gleich vor dem Interviewraum, wartete ich auf eine Gelegenheit. Obwohl er mir damals geraten hatte, nach Anantapur zu gehen, berichteten mir andere Ausländer von schlechten Erfahrungen mit der dortigen Ausländerbehörde. Sie meinten, ich solle lieber nach Bangalore gehen. Dort sei es viel einfacher, eine Verlängerung zu bekommen. Ich dachte mir, dass ich Sai Baba lieber frage, ob ich nach Anantapur oder Bangalore gehen solle, um mein Visum zu verlängern.

An einem der Tage kam Sai Baba nicht durch den Hauptausgang seines Bungalows, sondern durch eine Seitentür aus seinem Interviewraum heraus. Ich war genau dort und auch vorbereitet. Auf seinem Weg zum Darshan fragte ich ihn: „Swami, soll ich für mein Visum nach Anantapur oder nach Bangalore gehen?“

Er hielt inne, drehte sich um und schaute mich verwirrt an. Er zog eine Haarsträhne zu seinem Mund und schrieb mit einem Finger in die Luft. „Willst du S.P. oder D.S.P. – Superintendent of Police oder District Superintendent of Police?“ – war seine fragende Antwort. Ohne eine Antwort abzuwarten, drehte er sich um und ging die Auffahrt hinunter, um der wartenden Öffentlichkeit Darshan zu geben.

Jetzt waren nur noch drei Tage für ein Visumsverlängerung übrig und es gab noch keine Antwort. Vielleicht hätte ich es besser sein lassen sollen. Ich hätte einfach nach Anantapur fahren sollen, wie er es mir letztes Weihnachten in Madras geraten hatte.

Aber das Schicksal hat seine eigene Art, einen herumzuschubsen. In den nächsten beiden Tagen war ich verzweifelt. Ich versuchte vergeblich, Sai Babas Aufmerksamkeit zu erlangen. Wenn ich an der Einfahrt vor dem Haupteingang wartete, kam er durch die Seitentür des Interviewraums heraus. Wenn ich an der Seitentür wartete, kam er durch den Haupteingang heraus. Schließlich, im letztmöglichen Moment, gab er mir die Gelegenheit, ihn noch einmal zu fragen. „Swami“, fragte ich mit Nachdruck, „soll ich für mein Visum nach Anantapur gehen?“

„Warum Anantapur?“, war seine unmittelbare Antwort.

„Das hast du mir doch letzten Dezember gesagt“, erinnerte ich ihn.

Er sah mich einen Moment lang an, als ob ich verrückt sei, und sagte dann: „Geh‘ nach Bangalore, Bangalore ist besser.“ Dies war nur ein weiterer Schritt in dem Tanz, den man „Aufgabe des Egos“ nennt. Also sagte ich nichts mehr, hielt den Mund und fuhr nach Bangalore.

In Bangalore lief alles reibungslos ab. Ich konnte meinen Antrag auf eine dreimonatige Verlängerung meines Visums stellen. Aber als ich aus dem Bus von Bangalore nach Kadugodi stieg, geschah etwas Seltsames. Ein Polizeibeamter sprach mich an und bat mich, auf die örtliche Polizeistation mitzukommen. Ich dachte, es handele sich um eine neue Anmeldeformalität. Als ich auf dem Revier ankam, bat mich ein großer, stämmiger Unterinspektor höflich, Platz zu nehmen. „Mr. Howard“, begann er, nachdem er meine Papiere durchgesehen hatte, „zu welchem Zweck sind Sie nach Indien gekommen?“ Ich antwortete, dass ich nur hier sei, um bei Sathya Sai Baba Spiritualität zu studieren. „Wie finanzieren Sie Ihre Mission?“, fragte er mich dann. „Ich habe in Amerika gearbeitet und mir Geld gespart“, antwortete ich, fühlte mich aber unwohl bei dieser Frage.

„Dann sind Sie also nicht aus einem anderen Grund hier?“, fuhr er fort.

„Nein, absolut nicht“, beruhigte ich ihn. Wir schüttelten uns die Hände und mir wurde gesagt, ich könne gehen. Ich verbrachte die Nacht in meinem Zimmer in Kadugodi und fragte mich, woher sie wussten, mit welchem Bus ich aus Bangalore kommen würde. Früh am nächsten Morgen klopfte es laut an meiner Tür. Ein Bote vom Büro des Unterinspektors überreichte mir ein erstaunliches Stück Papier. Darin stand, dass die indischen Behörden mich verdächtigten, ein CIA-Agent zu sein, und dass meine Aktivitäten und Bewegungen sorgfältig überwacht würden. Es trug den Titel „Warn-Rundschreiben“. Der Bote forderte mich auf, mitzukommen. Jetzt hatte ich wirklich Angst. Nervös beeilte ich mich, mich anzuziehen. Ich hatte keine Ahnung, was das Schicksal mit mir vorhatte. Auf dem Weg zur Polizeistation in Kadugodi gingen mir viele Gedanken durch den Kopf. „Warum zum Teufel sollten sie mir ein Rundschreiben aus Neu-Delhi zeigen, in dem steht, dass ich verdächtigt werde, ein CIA-Agent zu sein, und dass sie mich beobachten sollen?“ Aber das war eben Indien. Nichts machte Sinn und nichts war logisch. Das Leben in Indien war ein existenzielles Chaos, in dem alles entweder als Karma, Schicksal oder Gottes Wille abgetan wurde.

Ich saß da, demselben stämmigen Unterinspektor gegenüber, den ich erst am Tag zuvor kennen gelernt hatte. „Mr. Howard“, begann er, „das Büro in Neu-Delhi hält Sie für einen Spion der CIA, aber wir sehen Sie hier schon seit so vielen Tagen. Es gibt keine Berichte.“ Dabei wühlte er in den Papieren auf seinem Schreibtisch herum. Ich hatte das Gefühl, dass er sich nur mit dem beschäftigte, was auf dem Papier stand. Außer einem Bericht existierte ich nicht wirklich. „Aber“, fügte er hinzu und deutete mit dem Finger auf mich, „wir werden Sie beobachten“. Ich versicherte ihm nachdrücklich, dass ich nicht für die CIA arbeite. Ich denke, er hat mir tatsächlich geglaubt, und erlaubte mir dann, wieder zu gehen.

Als ich in mein kleines Zimmer zurückging, überkam mich plötzlich ein Gefühl der Isolation und Einsamkeit. Ich dachte an Sai Baba: „Er ist meine wahre Mutter und mein wahrer Vater, ich werde zu ihm gehen." Also drehte ich mich wieder um und lief in Richtung seiner Residenz. Mein Spaziergang wurde zu einem Lauf, als mein Angstpegel anstieg. Völlig außer Atem rannte ich in die Eingangshalle des Hauses. Es war etwa acht Uhr morgens. Man sagte mir, Sai Baba sei hinten bei den Kuhställen, und so lief ich um das Haus herum. In der Ferne sah ich ihn mit einigen Schülern stehen. Eilig schritt ich auf ihn zu. Als er mich sah und bemerkte, wie aufgeregt ich war, kam er zu mir herüber und legte seinen Arm um meine Schulter. Ich hatte Mühe, meine Tränen zurückzuhalten. „Was ist Ihr Problem, Sir?", fragte er liebevoll.

„Swami", sprach ich mit leiser Stimme, „die indischen Behörden halten mich für einen Spion." Meine Stimme zitterte und ich wollte nicht, dass die anderen es hörten. Er klopfte mir auf den Rücken und sagte: „Mach dir keine Sorgen, geh' und warte an deinem Platz im Garten. Ich werde kommen." Also ging ich und setzte mich an meinen Lieblingsplatz im Garten vor dem Interviewraum auf der anderen Seite des Hauses. Ich wartete zwei Stunden lang. Die ganze Zeit über dachte ich daran, dass ich Sai Baba um ein Empfehlungsschreiben bitten sollte. In dem Schreiben könnte dann stehen, dass ich dem Aschram bekannt und ein aufrichtiger, ehrlicher, spiritueller Sucher sei, der seine Zeit in Indien verbringt und sich mit spirituellen Praktiken beschäftigt. Ich erinnerte mich an mein Gespräch mit Sai Baba in Madras letzte Weihnachten. Er sagte: „Gib immer meine Adresse an und du wirst niemals Schwierigkeiten haben."

Ich bat ihn also: „Wenn ich deine Adresse angebe, werden sie ein Schreiben von dir wollen."

„Ich werde es geben", war seine beruhigende Antwort.

Während ich dort saß, ging mir das immer wieder durch den Kopf. Wieder und wieder betete ich: „Bitte gib mir ein Schreiben."

Nach zwei Stunden endlich kam Sai Baba aus dem Interviewraum. „Was ist Ihr Problem, Sir?", fragte er.

„Swami, ich brauche ein Empfehlungsschreiben ...", aber bevor ich zu Ende sprechen konnte, sagte er: „Ich gebe keine Schreiben heraus."

Ich erwiderte: „Aber Swami, die indischen Behörden glauben, ich sei ein CIA-Agent."

„Ja, ja", sagte er, „Amerika und Indien, keine guten Beziehungen. Indira Gandhi und Nixon, zu viel Streit. Geh' nach Ceylon und komme danach zurück."

„Aber ich war schon letztes Jahr einmal in Ceylon", erwiderte ich, „und habe es dort gehasst".

„Dann geh nach Amerika. Was kann ich tun?", meinte er schließlich.

Damit war mir sozusagen der Boden unter den Füßen weggezogen. Ich fiel auf die Knie und flehte ihn an, die Hände zum Gebet gefaltet. Er stand direkt vor mir. „Bitte schicke mich nicht zurück nach Amerika", bettelte ich. Allein der Gedanke, von ihm getrennt zu sein, war mir unerträglich.

„Nein, nein, nur ein Tamasha (Scherz)", beruhigte er mich und hob mich an den Händen wieder auf die Füße. „Ich gebe keine Schreiben, Kasturi schreibt sie. Geh nach Puttaparthi und sage Kasturi Bescheid, geh' jetzt und nimm den S.R.S.-Bus."

„Swami", entgegnete ich, „Herr Kasturi wird mir kein Schreiben geben, es sei denn, du sagst es ihm."

„Ich rufe an oder schicke ein Telegramm", versicherte er mir. „Geh' jetzt." Er hob seine Robe. „Nimm Padnamaskar", deutete er an, indem er auf seine Füße schaute. Ich beugte mich hinunter und berührte seine Füße. Schon war ich auf dem Weg nach Puttaparthi.

Die 110 Meilen lange Busfahrt dauerte die üblichen acht Stunden. Als ich an diesem Abend um 21 Uhr in Prashanti Nilayam ankam, waren alle Lichter schon aus. Ich fand Herrn Kasturi – über seine Schreibmaschine gebeugt, nur mit einer Kerze als Lichtquelle. Er war überrascht, mich zu sehen. „Ah, was führt dich hierher?", erkundigte er sich höflich. Ich erzählte ihm alles, was sich an diesem Morgen im Garten zugetragen hatte. „Aber Swami hat mir keine Nachricht geschickt", deutete er vorsichtig an. Er dachte einige Augenblicke nach. „Was für ein

Schreiben brauchst du denn?", fragte er. Ich sagte ihm, dass ich es für das Beste hielte, eine Charakterreferenz zu haben, die besagt, dass ich im Aschram bekannt sei usw. „Ich werde sie schreiben und in einen an Swami adressierten Umschlag stecken. Du gibst ihn dann ihm. Wenn er sie gutheißt, gibt er sie dir zurück. Vielleicht hat er ja versucht, anzurufen, aber die Telefonleitungen waren unterbrochen", überlegte Herr Kasturi, während er sich wieder seiner Schreibmaschine zuwandte und zu tippen begann. Vielleicht war es meine Vertrauenswürdigkeit, die durch die ganze Aufmerksamkeit, die mir während des Sommerkurses zuteilwurde, noch verstärkt wurde, und die Tatsache, dass ich die Busse für die Studenten organisiert hatte, die Herrn Kasturi dazu brachten, die Empfehlung zu schreiben. Vielleicht war es auch nur Schicksal. Er gab mir die Empfehlung, die in einem an Sri Sathya Sai Baba adressierten Umschlag steckte. „Du gibst ihn aber direkt Swami", wies er mich an.

Am nächsten Tag um fünf Uhr morgens fuhr ich mit dem S.R.S.-Bus zurück nach Bangalore. Als ich Whitefield erreichte, erfuhr ich, dass Sai Baba auf dem Weg war, um die Joy Ice Cream Factory mit seinem Besuch zu segnen; sie gehörte einem seiner Devotees. Es war die traditionelle Jubiläumsfeier, an der er jedes Jahr teilnahm. Dieses Jahr gab es keine besondere Einladung für Ausländer. Ich beschloss, die zwei Kilometer bis zur Fabrik zu laufen. Unterwegs überlegte ich, dass ich, wenn es Sai Babas Wille ist, irgendwie hineinkommen und versuchen werde, ihm den Umschlag zu geben. Als ich mir unterwegs solche Gedanken machte, hielt ein schwarzer Ambassador an. Der Fahrer lud mich ein, mitzufahren. „Sind Sie auf dem Weg zur Joy Ice Cream Factory?", erkundigte er sich. Ich nahm die Mitfahrgelegenheit dankend an, denn die Nachmittagssonne war sehr heiß und ich wollte unbedingt dorthin. Wie sich herausstellte, war er der Sohn von Mr. Java, dem Besitzer der Fabrik.

Er fuhr mich durch das Eingangstor und begleitete mich zu einem Platz in der ersten Reihe, gerade vor Sai Babas Stuhl. Dieser stand auf einer erhöhten Plattform, so dass jeder ihn sehen konnte. Es waren bereits etwa dreihundert Menschen versammelt. Nach gut zwanzig Minuten kam Sai Baba an. Er schritt den Gang entlang und gab den versammelten Devotees einen wunderschönen Darshan. Dann stieg er auf die Plattform und setzte sich auf den Stuhl, der für ihn bereitgestellt worden war. Er schaute mich mit einem ziemlich ernsten Blick an. Er machte mit seinem Finger in der Handfläche ein Schriftzeichen. Mit seinem Gesichtsausdruck fragte er mich, ob ich das Schreiben erhalten hätte. Ich zeigte auf den Umschlag in meiner Tasche und nickte. Er nickte ebenfalls und hob seine rechte Hand in einer segnenden Pose. Nun schien es klar zu sein, dass ich das Schreiben behalten durfte, oder zumindest, dass er es guthieß, oder zumindest, dass er wusste, dass ich es hatte. Vielleicht aber war auch gar nichts klar. Ich war zu aufgeregt. Ich fühlte mich sicher. Ich hatte das Gefühl, dass alles in Ordnung sei. Ich würde das Schreiben der Polizei zeigen und sie wären dann überzeugt, dass ich kein CIA-Agent bin.

Gleich nach der Veranstaltung in der Eisfabrik wurde ich von einem Devotee aus Bangalore mitgenommen. Ich beschloss, da Sai Baba das Schreiben gebilligt hatte – oder zumindest hatte ich aufgrund der Gesten und Blicke, die wir auf der Veranstaltung ausgetauscht hatten, den Eindruck, dass er das tat – es der Polizei in Bangalore bei der Ausländerbehörde vorzuzeigen. Ich kam dort an, als die Behörde gerade schließen wollte, und traf den stellvertretenden Polizeipräsidenten oder dem D.S.P., wie er genannt wird. Er las das Schreiben sorgfältig durch. „Ich kann es Ihnen noch nicht überlassen", sagte ich, denn ich hatte plötzlich das Gefühl, dass ich es zuerst Sai Baba zeigen sollte. Ich weiß nicht warum, aber als ich den versiegelten Umschlag öffnete, der von Herrn Kasturi an Sai Baba adressiert war, fühlte ich mich unwohl. In der Joy Ice Cream Factory war ich mir sicher, dass er damit einverstanden war. Schließlich, so dachte ich mir, auch wenn er vorgab, nicht alles zu wissen, wusste ich, dass er es wusste. Er wusste also, was in dem Schreiben stand, und fand es in Ordnung, dass ich es behielt. Als der D.S.P. es mir zurückgab, fügte er hinzu: „Es ist besser, wenn Sie zwei Kopien für Ihre Unterlagen machen."

Ich hielt an einem Copyshop in der Mahatma Gandhi Road und machte zwei Kopien des Schreibens. Dann steckte ich das Original zurück in den Umschlag und verschloss ihn wieder. Je mehr sich der Bus Whitefield näherte, desto stärker spürte ich, dass ich einen Fehler gemacht hatte. Vielleicht hätte ich nicht so voreilig sein und nach Bangalore fahren sollen. Vielleicht hätte ich den Umschlag zuerst Sai

Baba geben sollen, wie Herr Kasturi es mir aufgetragen hatte. Die Sonne ging unter und der westliche Himmel färbte sich in ein leuchtendes Orange. Während der Busfahrt fragte ich mich, was wohl die karmische Strafe für die Manipulation von Gottes Post sein könnte.

Am nächsten Morgen ging ich gespannt zum Darshan. Zu meiner Überraschung standen alle in der Einfahrt und warteten auf Sai Babas Auto. Er war auf dem Weg nach Puttaparthi. Ich wartete in der Einfahrt vor dem Tor zu seinem Bungalow zusammen mit einigen Studenten. Sein Auto war unter der Säulenhalle am Haupteingang geparkt. Er erschien an der Eingangstür und ging langsam die Einfahrt hinunter zum Tor. Ich versuchte, ihm den Umschlag zu geben, aber er wollte ihn nicht nehmen. Ich war verblüfft und wusste nicht, was ich tun oder sagen sollte. Also begann ich, ihm die Einfahrt hinunter zu folgen. „Swami", fragte ich, „bist du mit diesem Schreiben einverstanden?" Er winkte mit beiden Händen in einer Geste der Gleichgültigkeit, ohne sich umzudrehen. Ich wusste nicht, was er meinte. „Darf ich es behalten?", ertappte ich mich bei der Frage.

„Oh ja", sagte er, als er sich umdrehte und mich einen Moment lang ansah. Er ging weiter zum Tor und winkte den Wartenden zu. Das Auto fuhr vor, er stieg ein – und schon war er auf dem Weg nach Puttaparthi.

Ich musste jetzt schnell überlegen. Was sollte ich nur machen? Ich beschloss, ihm in einer „heißen Verfolgung" nach Puttaparthi zu begleiten. Schnell holte ich meine Sachen aus meinem Zimmer in Kadugodi und nahm den nächsten Bus zurück nach Bangalore. Von dort aus fuhr ich wieder mit dem S.R.S.-Bus nach Puttaparthi. Als ich um neun Uhr abends im Aschram ankam, wartete Herr Kasturi bereits auf den Bus. Er schien aufgeregt zu sein. Als ich ausstieg, kam er auf mich zu. „Wo ist dieses Schreiben? Baba ist sehr wütend auf mich, weil ich es dir gegeben habe", sagte er.

„Aber er hat mir doch gesagt, ich solle kommen und es von dir abholen", argumentierte ich töricht.

„Nein, nein, er sagte, du wolltest unbedingt kommen, und was konnte er tun, um dich davon abzuhalten", antwortete Herr Kasturi. „Er will, dass ich das Schreiben von Dir zurückbekomme." Ich griff in meine

Tasche und gab ihm den wieder verschlossenen Umschlag. Meine Finger berührten die beiden Fotokopien, aber ich sagte mir, ich solle lieber den Mund halten und ihm einfach das Original zurückgeben. Ich wagte nicht, zu erwähnen, dass ich das Schreiben geöffnet und tatsächlich zwei Kopien davon gemacht hatte. Herr Kasturi war dankbar. „Vielleicht wird ihn das beruhigen", hoffte er, als er mir den Umschlag wieder abnahm.

Offenbar war Sai Baba nach der Veranstaltung in der Joy Ice Cream Factory zu seinem Bungalow zurückgekehrt und hatte dort allen erzählt, dass Herr Kasturi mir ohne seine Anweisungen ein Schreiben gegeben hätte, und wie er so etwas nach fünfundzwanzig Jahren nur tun könne. Sai Baba wollte den Aschram anrufen und Herrn Kasturi sagen, er solle gehen, aber zum Glück für Herrn Kasturi waren die Telefonleitungen außer Betrieb, wie er mir später erzählte. Also nahm Sai Baba das Schreiben nicht zurück, weil ich es geöffnet hatte. Er drückte seinen Unmut gegenüber Herrn Kasturi bereits aus, bevor ich an diesem Nachmittag in Bangalore eintraf.

Es war alles sehr verwirrend. Hatte Baba mich nur benutzt, um Herrn Kasturi zu testen? Hatte er wirklich die Absicht, Herrn Kasturi anzurufen und ihn anzuweisen, mir ein Schreiben zu geben, wie er mir im Garten sagte? Aber wenn er alles weiß, so vermutete ich, dann wusste er, dass die Telefonleitungen unterbrochen waren und Herr Kasturi tun würde, was er tat. Warum also so tun, als ob alles meine Schuld sei? Warum sagt er, was hätte er tun können, um mich aufzuhalten und, dass ich darauf bestanden hätte, ein Empfehlungsschreiben zu bekommen? Ich suchte nach einer logischen Erklärung für Ereignisse, die in Wirklichkeit nicht logisch abliefen.

Ich setzte mich an diesem Abend hin und sprach mit Michelle darüber. „Du weißt doch, wie Swami ist", sagte sie, „er testet dich nur."

„Aber er hatte mir doch im Dezember schon versprochen, dass er mir ein Schreiben geben würde", argumentierte ich etwas kindlich.

„Warte ab, was mit deinem Visum passiert. Das ist doch das Wichtigste, oder? Außerdem weißt du sowieso nicht, was Swami wirklich zu Herrn Kasturi gesagt hat, das geht doch in der Übersetzung verloren", meinte sie. Michelle hatte Recht. Immerhin bekam ich die Verlängerung und konnte weitere drei Monate in Indien bleiben; das war besser als nichts. Ich bewahrte die beiden Fotokopien sorgfältig in meinem Koffer auf. Ich wollte abwarten und sehen, was geschah. Innerhalb von zwei Wochen hörte ich vom Büro des D.S.P. in Bangalore, dass meine dreimonatige Verlängerung bewilligt worden sei.

EIN LETZTER VERSUCH

Im Juli 1972 war der Umbau des Prashanti Nilayam Aschrams in vollem Gange. Die meisten der bestehenden Gebäude wurden abgerissen und alle Devotees, ausländische wie indische, lebten in einem offenen Schuppen, die meisten Ausländer zusammen an dem einen Ende. Es war ein langes Gebäude mit einem Stahlrahmen, der ein Wellblechdach trug. Der Boden bestand aus schwarzem Schiefer und Zement. Es gab Gemeinschaftsbäder, die jeweils aus einem einfachen Kaltwasserhahn bestanden, und traditionelle indische Toiletten mit dem üblichen Geruch. Es war kein sehr komfortables Leben, aber wir hatten Sai Baba. In jenem Sommer 1972 gab er viele Darshans. Er ging ständig umher, inspizierte und überwachte alle Bauarbeiten. Die meisten Devotees hatten sich freiwillig zu den Bauarbeiten gemeldet. Ich arbeitete jede Nacht von neun Uhr abends bis zwei Uhr morgens und half beim Bau des neuen, erweiterten Balkons des Tempels und beim Bau von West-Prashanti-One, einer langen Reihe von dreistöckigen Wohnungen. Wir standen auf hin und her schwankenden Bambusgerüsten und beförderten kleine Schalen mit Sand und Zement aufs Dach. Manchmal kam Sai Baba sogar noch um Mitternacht vorbei und verteilte Prasad (gesegnetes Essen) an die freiwilligen Helfer. Jedes Mal, wenn er mir Prasad überreichte, hoffte ich auf einen Blick oder ein Lächeln, aber es kam nichts.

An den Nachmittagen begann ich, Ideen für ein Wohnheim für Ausländer zu entwickeln, das auf dem Hügel abseits der anderen Gebäude gebaut werden könnte. Es würde nur kleine Einzelzimmer mit Gemeinschaftsbädern haben und wäre denjenigen vorbehalten, die meditieren wollten. Ich konnte einige Materialien zusammensuchen und beschloss, eine professionell aussehende Architekten-Präsentation zu entwerfen, um sie Sai Baba zu zeigen – irgendetwas, nur um Aufmerksamkeit zu erhalten. Als die Präsentation fertig war, enthielt sie Pläne, Schnitte, Aufrisse und eine grafische Darstellung der Wasserkühlung für das geplante Wohnheim auf dem Hügel. Ich zeigte sie Oberst Yoga Rao, dem Chefingenieur für den gesamten Bau. Er fand sie „sehr gut“ und sagte, er würde sie Sai Baba zeigen. Es wurde vereinbart, dass ich an einem strategisch günstigen Ort in der Nähe der Baustelle des Auditoriums warten solle. Wenn Oberst Yoga Rao mit Sai Baba auf seiner nachmittäglichen Inspektionstour vorbeikäme, würde er mich dort sehen und Sai Baba von meiner Präsentation berichten. Ich müsste nur auf das Signal, nach vorne zu kommen, warten, und Baba alles zeigen. Der Plan funktionierte perfekt. Sai Baba rief mich von meinem Platz nach vorne. Ich zeigte ihm die Pläne mit den Rohdaten.

„Wer hat das gezeichnet?“, fragte er und sah sehr zufrieden aus.

„Das war ich“, antwortete ich voller Stolz.

Er zeigte auf die Zeichnung der Herberge auf dem Hügel. „Ist das für hier oder für Kalifornien?“, fragte er neckisch.

„Es ist für hier, Swami“, antwortete ich.

„Und was ist das?“ Er zeigte auf meine Zeichnung mit den Felsen auf dem Hügel.

„Das sind die Felsen auf dem Hügel“, sagte ich und nahm die Frage ernst.

Er lachte und scherzte: „Nicht Felsen, sondern große Eier“, und begann wieder wegzugehen.

„Können wir das bauen?“, fragte ich, ohne wirklich darüber nachzudenken, wer das „Wir“ sein würde.

Er blieb einen Moment stehen und drehte sich um. „Das ist nicht meine Abteilung. Sprich mit Yoga Rao“, antwortete er beim Weitergehen.

Nun, auch wenn nichts daraus wurde, war es jedenfalls ein guter Darshan und für mich wieder einmal eine gute Gelegenheit. Welch göttlicher Wahnsinn! Alles nur, um ihm nahe zu sein, ihn zu sehen, mit ihm zu sprechen, ihn zu berühren!

Gegen Ende September 1972 lief auch meine dreimonatige Verlängerung aus. Ich beschloss, noch einmal zu versuchen, eine Empfehlung von Sai Baba zu bekommen, damit ich mein Visum über den normalen Zeitraum von sechs Monaten hinaus verlängern konnte. Ich dachte mir, dass das, was im Juni passiert war, nur ein Test war und dass ich mich nicht entmutigen lassen sollte. Schließlich hatte er mir letztes Jahr in Madras gesagt, er würde mir ein Schreiben geben, wenn ich eines bräuchte. Ich glaubte fest daran, dass er früher oder später sein Wort halten würde. So stellte ich eines schicksalhaften Tages beim Darshan meine Frage.

„Geh nach Bangalore und versuche es“, war Sai Babas Antwort auf meine Frage. Also machte ich mich auf den Weg nach Bangalore, wieder einmal mit dem S.R.S.-Bus, wieder zum Büro des D.S.P. Man war sehr nett zu mir und sagte, dass es ohne ein Schreiben der Aschram-Behörden unmöglich sei, einen Antrag über sechs Monate hinaus zu berücksichtigen. Ich fuhr wieder zurück nach Puttaparthi. Aber so sehr ich mich auch bemühte, ich konnte keine Gelegenheit finden, Sai Baba um das Schreiben zu bitten.

Ich war wie besessen. Ich wollte bei Sai Baba bleiben, mehr als alles andere auf der Welt. In der Tat wollte ich nichts anderes. Ich hatte den auf der Erde inkarnierten Herrn gefunden, und das war alles, was wichtig war – auch wenn er mich damals gegen Herrn Kasturi „ausgespielt“ hatte, als ich ihn um das Schreiben bat. Ich fühlte immer noch, dass ich es weiter versuchen sollte. Er testete nur meinen Glauben, dachte ich mir. Es musste einen Weg geben, eine Chance, ihn zu fragen.

Sai Babas tägliche Routine gegen Ende September 1972 bestand darin, nachmittags gegen vier Uhr diverse Baustellen zu inspizieren. Es wurde gerade ein riesiges Auditorium gebaut sowie eine neue, viel größere Kantine. In der Kantine sah ich meine Chance. Um drei Uhr sperrten die Sevadal den Weg, damit sich die Devotees nicht vor der Kantine versammeln und Sai Babas Inspektion stören konnten. Eines Tages ging ich hinunter und versteckte mich um zwei Uhr nachmittags im Innern des Gebäudes. Ich wartete. Zu dieser Zeit war der Fußboden noch nicht fertig und bestand nur aus Sand. Es war ein einfacher Rohbau mit einem Wellblechdach. Es gab mehrere große Räume, die jeweils durch eine einzige Tür verbunden waren.

Da kam die schicksalhafte Stunde, und ich hörte Sai Baba im Nebenraum mit einigen Arbeitern sprechen. Ich versteckte mich hinter der Tür. Plötzlich kam er durch die Türöffnung. Da war ich allein mit ihm in diesem riesigen Raum, der später die Kantine für die Frauen werden sollte. Er stand in der Mitte des Raumes und starrte an die Decke, als ob er meine Anwesenheit nicht bemerkte. Ich sprang hinter der Tür hervor und rief „Swami". Er schaute weiter zur Decke und antwortete nicht. Noch einmal rief ich, diesmal etwas lauter: „Swami", und versuchte, all meinen Mut, den ich aufbringen konnte, zusammenzunehmen. Doch er ignorierte mich. In meiner Verzweiflung rief ich schließlich: „Mutter!"

Er drehte sich mit einem genervten Blick zu mir um und sagte: „Was ist?" „Ich brauche ein Schreiben für mein Visum", bat ich, gespannt, was er nun sagen oder tun würde.

„Geh' und erzähl' es Herrn Kasturi", war seine beiläufige Antwort.

„Aber das letzte Mal, als ich ein Schreiben von Herrn Kasturi bekommen habe", versuchte ich kleinlaut zu erklären, „hast du ihn ausgeschimpft." Darauf ging er nicht ein, sondern schrieb stattdessen mit dem Finger in die Luft. Es hörte sich an, als ob er sagte. „Ich werde es nachts klären". Aber ich war mir nicht sicher.

„Geh' jetzt", sagte er und deutete auf die Tür.

Nun, ich wusste nicht, ob ich hocherfreut oder deprimiert sein sollte. Ich dachte, er würde Herrn Kasturi nun sagen, er solle mir in dieser Nacht noch ein Schreiben geben. Vielleicht sagte er das aber auch nur, um mich loszuwerden. Vielleicht wollte er Herrn Kasturi sagen, er solle mir sagen, dass ich gehen solle, weil ich so eine Nervensäge sei. Ich wartete also gespannt auf die kommende Nacht. Nach den Abend-Bhajans, als Herr Kasturi aus Sai Babas Zimmer herunterkam, rannte ich auf ihn zu. „Hat Swami Ihnen irgendetwas über mich gesagt, ich meine, dass Sie mir eine Visaempfehlung geben sollen?“ erkundigte ich mich. Ohne anzuhalten, um meine Frage zu beantworten, sagte er nur: „Nein“, und ging einfach weiter.

Zwei Tage später, beim Darshan, kam Sai Baba und stand direkt vor mir. Ich sprach lauter. „Swami, du hast es Herrn Kasturi noch nicht gesagt“, erinnerte ich ihn.

„Ich werde es ihm heute Abend erzählen“, war seine liebevolle Antwort. Ich war überglücklich. Natürlich war es schon total verrückt, dass ich solche Verrenkungen machen musste, um überhaupt ein Visum zu bekommen. In dieser Nacht kam Herr Kasturi aus Sai Babas Zimmer herunter. „Ja, er erwähnte dich“, war seine Antwort auf meine Frage. „Er sagte: ‚Gib ihm keine Empfehlung. Wir können keine Schreiben für Amerikaner ausgeben. Die Regierung wird es nicht erlauben.‘“

Diese Nachricht war niederschmetternd. Ich hatte nicht wirklich gehört, was Herr Kasturi gesagt hatte. Ich wollte es nicht hören. Alles, was ich wusste, war, dass Sai Baba nein gesagt hatte. Ich hasste die Regierung von Indien. Für mich waren sie ein Haufen von Dämonen, die versuchten, einen Devotee von seinem Herrn zu trennen. Ich ging auf den Hügel und setzte mich auf einen Felsen. Die Nacht war sehr schwarz. Die Wolken verdeckten die Sterne. Ich saß dort lange Zeit und hatte das Gefühl, sterben zu wollen. Wie und wohin sollte ich denn zurückkehren? Alles, wonach ich so verzweifelt gesucht hatte, hatte ich genau hier, tief im Herzen Südindiens, in einem kleinen Dorf namens Puttaparthi gefunden.

Doch dann, wie ein Blitz in der Dunkelheit, hatte ich eine Idee: Ich erinnerte mich an die beiden Fotokopien des Schreibens, das Herr Kasturi im vergangenen Juni getippt hatte. Ich dachte mir, dass ich nur eine davon Sai Baba zeigen und ihm erklären müsste, dass es ein solches Schreiben sei, das ich bräuchte. Er würde natürlich sehen, dass es ein ganz harmloser Text war. Wie könnte jemand in Neu-Delhi etwas gegen ein solches Schreiben einwenden? Ich rannte den Hügel hinunter, so schnell ich konnte, es war schon dunkel. Im Shed angekommen, öffnete ich meinen Blechcontainer und suchte hektisch nach den Fotokopien.

Ich besprach meine Idee auch mit Michelle, die in der Nähe in ihrer Ecke des Sheds saß. Sie holte tief Luft. „Ich weiß nicht", sagte sie ein wenig besorgt, dass ich vielleicht zu weit ginge. „Man weiß nie, wie Swami reagieren wird. Er könnte sich einen Spaß daraus machen, oder er könnte wirklich wütend werden", erinnerte sie mich. Es ist ja nicht so, dass Sai Baba jemals wirklich wütend wurde, so wie es gewöhnliche Menschen werden können. Aber er hatte seine Art, uns wissen zu lassen, wenn er nicht zufrieden war. Ich beschloss, es dennoch zu versuchen. Das Leben war zu kurz und ungewiss. Wenn all diese Bemühungen, egal wie fragwürdig sie waren, mir ein wenig zusätzliche Zeit mit dem Avatar verschaffen konnten, waren sie es wert. Ich beschloss, mich am nächsten Nachmittag in der Kantine zu verstecken, und zwar an der gleichen Stelle wie ein paar Tage zuvor.

Die schicksalhafte Stunde kam. Ich versteckte mich wieder hinter der gleichen Tür. Die Kopie des Schreibens klapperte fast in meinen Händen, so zittrig waren sie. Sai Baba kam durch dieselbe Türöffnung. Ich sprang vor auf ihn zu. „Swami", sagte ich ohne zu zögern. „Das ist die Art von Schreiben, die ich brauche". Er nahm es mir ab und begann ihn zu lesen.

„Woher hast du das?", fragte er und klang nicht gerade erfreut.

„Das ist eine Kopie des Schreibens, das Herr Kasturi mir damals gegeben hatte", platzte ich heraus und zog die Schlinge um meinen Hals noch ein wenig enger.

„Nein, nein, das ist illegal. Das ist nicht gut. Das ist sehr schlecht", schimpfte er und reichte mir die Fotokopie zurück. Er drehte sich um und verließ das Gebäude.

Ich dachte sogar daran, ihm zu folgen und zu sagen: „Aber Swami...", aber ich tat es nicht. Ich blieb wie erstarrt in meinen Bahnen. Ich erwartete, dass sich eine Falltür unter meinen Füßen öffnen und sich eine Schlinge um meinen Hals zuziehen würde. Ich weiß nicht, wie lange ich dort so stehen blieb. Ich war innerlich ganz durcheinander, und das Gefühl machte mich unbeweglich. Selbst wenn ich das Falsche getan hatte, war mein einziges Motiv, bei ihm zu bleiben. Es gab kein anderes Ziel, das ich zu erreichen suchte.

In dieser Nacht kam Herr Kasturi zum Shed, um ihn zu durchsuchen. Sai Baba hatte ihm wohl gesagt, dass ich bestimmt zwanzig Fälschungen des Schreibens gemacht hätte. Wahrscheinlich würde ich jedem Ausländer, der ein Visum brauchte, eines geben. Es war alles seine Schuld, dass er es überhaupt verfasst hatte. Armer Herr Kasturi, er hatte wohl schon fast damit gerechnet, dass er diese zwanzig Fälschungen finden würde. Als ich die beiden Fotokopien aus meinem Koffer holte, versuchte ich Herrn Kasturi zu erklären, dass es sich nicht wirklich um Fälschungen handelte. „Es sind Fotokopien", argumentierte ich und plädierte für meinen Fall. „Kennt Swami nicht den Unterschied zwischen einer Fotokopie und einer Fälschung?", fragte ich recht verärgert darüber, dass ich von Gott eines Verbrechens beschuldigt worden war.

„Woher soll er das auch wissen?" erwiderte Herr Kasturi. „Er stammt doch nur aus einem Dorf." Ich gab ihm die beiden Fotokopien. Es war zwecklos, ihm die Szene in der Joy Ice Cream Factory im vergangenen Juni zu erklären und die Tatsache, dass der D.S.P. mich angewiesen hatte, Kopien anzufertigen. All das machte jetzt keinen Sinn mehr, das alles war ja schon vor drei Monaten passiert. Außerdem schob Sai Baba die ganze Schuld auf den armen Herrn Kasturi, weil er das verdammte Ding überhaupt geschrieben hatte. Ich konnte verstehen, dass er reichlich verärgert war.

Ich beschloss, dass es das Beste sei, einen langen Brief an Sai Baba zu schreiben, in dem ich mich für all den Ärger, den ich verursacht hatte, entschuldigte. Am nächsten Tag gab ich ihn Herrn Kasturi, damit er ihn ihm geben sollte. Sai Baba nahm den Brief an und sagte Herrn Kasturi, dass er auf uns beide „wütend" sei. Herr Kasturi kam am Abend in den Shed, um mir die Nachricht persönlich zu überbringen. Am nächsten Tag verteilte Sai Baba Vibhuti und Prasad an alle im Aschram, außer an mich. Er ließ mich einfach aus, als er an meinem Platz vorbeikam. Am nächsten Morgen verließ ich den Aschram und fuhr nach Bangalore.

Ich wanderte ein oder zwei Tage lang allein umher. Mein Visum war noch etwa fünf Tage gültig. Ich ging auf meinem Zimmer in Kadugodi. Es war ein nettes kleines Zimmer, das ich für ein Jahr gemietet und so eingerichtet hatte, dass es recht komfortabel war. Ich war total deprimiert. Aber dann begann ich nachzudenken. Immerhin hatte ich noch ein paar Tage Zeit für mein Visum, vielleicht könnte ich zum Büro des D.S.P. gehen und Einspruch einlegen.

Ich setzte mich vor den großen Holzschreibtisch. Der stellvertretende Polizeipräsident las gerade einige Papiere durch. „Es tut mir leid", sagte er und sah zu mir auf. „Ohne ein Schreiben des Aschrams können wir nichts tun. Warum fahren Sie nicht nach Neu-Delhi und beantragen dort das Visum?", schlug er vor. Nach Neu-Delhi? Was für eine brillante Idee. Warum hatte ich nicht schon früher daran gedacht? Plötzlich war ich voller Hoffnung. Ich mietete ein Taxi, das mich nach Kadugodi brachte und dort wartete, während ich eine kleine Tasche packte, und mich dann am Flughafen absetzte. Ich nahm gleich den nächsten Flug nach Neu-Delhi.

Die einzige Adresse, die ich in Neu-Delhi hatte, war die der Familie Khosla. Also ging ich dorthin. Sie waren überrascht, mich zu sehen. Naveed, der älteste Sohn, nahm mich auf seinem Motorrad mit, um mir „Mana Auntie" zu zeigen, die Dame, die damals die Sai-Anhänger in Neu-Delhi leitete. Ihr Haus war geräumig und gut eingerichtet. Wir traten ein und fanden sie, wie sie gerade mit einigen Mitgliedern der Sai-Organisation zusammensaß und über Sai Baba sprach. Einer der Herren dort war ein Mr. Gupta. Er erkannte mich aus Puttaparthi und Whitefield, ebenso wie Mana Auntie und die anderen. Als ich ihnen erzählte, dass ich nach Neu-Delhi gekommen sei, um eine Verlängerung meines Visums zu beantragen, sagte Herr Gupta, dass er mir vielleicht helfen könne. „Kommen Sie morgen in mein Büro", meinte er und reichte mir seine Karte.

Am nächsten Tag fuhr ich mit einer Motor-Rikscha vom Khosla-Haus in der Nähe des Kashmiri-Tores zum Büro von Herrn Gupta in der Nähe des Delhi-Tores. Er war der Leiter eines großen Finanzunternehmens und verfügte über sehr gute Kontakte zu verschiedenen indischen Politikern. Er kannte einen Lobbyisten, der sich ständig mit Mitgliedern der

Kongresspartei und mit Ministern traf. Der Lobbyist fuhr mich in seinem Auto zu den Wohnungen verschiedener Regierungsbeamter, was alles über Herrn Guptas Beziehungen arrangiert wurden.

Schließlich wurde mir vorgeschlagen, mich direkt an Indira Gandhi selbst zu wenden. Der Lobbyist sagte, er könne Frau Gandhi einen Brief geben, ich bräuchte ihn nur zu schreiben. An diesem Tag war mein Visum abgelaufen. Ich ging zur Ausländerbehörde und erzählte ihnen, dass ich noch vierundzwanzig Stunden bräuchte, um mich an den Premierminister wenden zu können. Sie lachten mich aus und sagten: „Machen Sie ruhig weiter mit Ihrem Einspruch. Aber wir werden Ihren Platz auf dem Air India-Flug nach New York schon mal reservieren. Wenn Sie abgelehnt werden, werden wir Sie persönlich zum Flughafen begleiten und dafür sorgen, dass Sie das Land verlassen." Ich versicherte ihnen, dass ich gehen würde und sie sich keine Mühe zu machen bräuchten. Widerwillig gaben sie mir noch vierundzwanzig Stunden Zeit.

Das Auto des Lobbyisten raste durch die Straßen der Stadt. Ich hatte keine Ahnung, wohin wir fuhren. Der Mann begann, mich gegen Sai Baba aufzubringen. Er sagte, ich solle meine Jugend nicht verschwenden und zurück in mein Land gehen, um Geld zu verdienen. Ich hörte ihm nicht zu, sondern konzentrierte mich nur auf Sai Babas Lotosfüße. Schließlich hielten wir vor einem großen, eisernen Kettengliedertor mit einem militärischen Kontrollposten davor. Der Lobbyist zeigte seinen Ausweis vor, und wir wurden durchgewunken. Es war ein Militärflughafen. Ah, Indien! Es war so verrückt. In der einen Minute wird man beschuldigt, ein CIA-Agent zu sein, und in der nächsten wird man in einem Auto mit Chauffeur zu einem gesperrten Militärflughafen gefahren. Ich schloss meine Augen. Ich wollte dort nichts sehen, um ihnen, wem auch immer, zu beweisen, dass ich kein Spion war. Als wir aus dem Auto stiegen, sagte ich zu dem Lobbyisten: „Führen Sie mich, ich werde meine Augen hier nicht öffnen." Er dachte, ich sei verrückt. Er brachte mich an einen Ort, an dem ich die Geräusche eines Hubschraubers hörte.

„Geben Sie mir den Brief an Frau Gandhi", sagte er. Ich öffnete meine Augen ein wenig, um zu sehen, was vor sich ging. Er übergab mein Schreiben an einen Mann, der dann in einen Hubschrauber stieg und abflog. „Er fliegt direkt zu Frau Gandhis Bungalow“, informierte mich der Lobbyist.

„Nur um meinen Brief zu überbringen?“ Ich war erstaunt über den Gedanken, dass sie dafür extra einen Hubschrauber benutzten.

„Nein, du Narr. Er hat dort etwas anderes Wichtiges zu tun. Er hat den Brief nur als Gefallen für mich mitgenommen“, informierte mich der Lobbyist in väterlicher Manier. „Du wirst Ihre Antwort bis Mitternacht erhalten. Der Flug nach New York geht um zwei Uhr morgens, es gibt also kein Problem.“

Gespannt wartete ich im Haus der Khoslas. Kurz vor Mitternacht erhielt ich über Mr. Guptas Büro eine Nachricht. „Frau Gandhi sagt, sie mische sich in diese Angelegenheiten nicht ein. Das sei Sache des Innenministeriums.“ Das war‘s – ein höfliches, aber klares Nein. Navneet Khosla fuhr mich zum Flughafen. Ich dachte an mein Zimmer in Kadugodi und all die Dinge, die ich zurückgelassen hatte. Doch bevor ich an irgendetwas anderes denken konnte, war mein Sicherheitsgurt geschlossen und ich war weg. Irgendwo über Nordafrika, in dreiunddreißigtausend Fuß Höhe, erwachte ich aus einem tiefen Schlummer. Es kam mir alles wie ein Traum vor.

DAS JAHR 1973

Die lineare Realität von New York traf mich wie ein Schlag ins Gesicht. „Was zum Teufel willst du mit deinem Leben anfangen?“, fragte mich mein Vater, als er im Wohnzimmer auf und ab ging und dabei an einer dicken Zigarre zog. „Ich kann dich nicht ewig unterstützen, während du mit deinen wilden Fantasien nach Indien abhaust. Du wirst bald sechsundzwanzig Jahre alt. Wann wirst du endlich erwachsen und stellst dich der Realität?“

„Vielleicht nie, hoffe ich“, erwiderte ich halb aufrichtig. Wenn Erwachsenwerden bedeutete, Sai Baba und Indien zu vergessen und einen materialistischen Lebensstil zu führen, dann wollte ich nichts davon wissen. „Ich werde nach Kalifornien gehen und mir einen Job suchen“, versprach ich feierlich. Im Hinterkopf wusste ich noch von der Hälfte meines Rückflugtickets nach Indien, das ich in Neu-Delhi für fünfhundert Dollar gekauft hatte. Es musste innerhalb von vier Monaten eingelöst werden.

Anfang Oktober fuhr ich nach Los Angeles. Mein Vater gab mir ein Ticket, teils um mich loszuwerden, teils weil ich sagte, dass ich dort einen Job finden würde. Ich hatte die Adresse des Sai-Baba-Centers in Hollywood von Richard Bock, der es damals leitete, erhalten. Im März hatte ich ihn in Neu-Delhi getroffen. Wir folgten damals Sai Baba gemeinsam bis nach Kurukshetra im Bundesstaat Punjab.

Los Angeles glich einem riesiger Freeway, der auf beiden Seiten von Einkaufszentren und Parkplätzen gesäumt war. Ein dichter brauner Dunst lag über der Stadt und verhinderte, dass man überhaupt etwas sehen konnte. Alles war flach, und die Fahrt schien ewig zu dauern.

Das Sai-Baba-Center befand sich in einem alten Haus im Tudorstil am Sunset Boulevard in Hollywood. Es war ein sehr schönes Zentrum, mit einem Empfangsraum, einer Bhajan-Halle, einem Buchladen und einem Büro. Außerdem gab es einige Räume hinter dem Büro, die als Lager genutzt wurden. Einer der Räume war von einem jungen Mann namens Landon gemietet worden. Ich kannte ihn aus Indien. Er war ein Harvard-Absolvent, der sechs Monate lang an Sai Babas College in Whitefield gelehrt und beim Sommerkurs unterrichtet hatte. Im Büro saß Janet Bock hinter ihrem Schreibtisch. Sie war sehr liebenswürdig und freute sich, mich zu sehen. Sie bot mir einen Platz und eine Tasse Tee an. Landon kam aus seinem Zimmer und begrüßte mich ebenfalls herzlich. Als ich sagte, dass ich hoffte, eine Weile zu bleiben, bot er mir an, sein Zimmer mit mir zu teilen. So hatte ich gleich eine Unterkunft. Richard kam nach kurzer Zeit zurück und wir saßen alle zusammen und erzählten uns Geschichten über Sai Baba.

Was für eine nette Familie Sai Baba mir doch ausgerechnet in Hollywood beschert hatte! Ich blieb schließlich zwei Monate und half Dick und Janet bei verschiedenen Projekten. Aber die Dinge liefen irgendwie nicht richtig und ich verdiente kein Geld. Also beschloss ich, zurück nach New York und zu Artemis zu ziehen.

Dezember, Januar und Februar 1973 verbrachte ich in New York. Ich bekam einen Job in einem Gourmet-Käseladen in Greenwich Village und fing an, etwas Geld zu sparen. Ich wohnte in einem Mietshaus in der Lower-East-Side, hatte aber die Luxuswohnung meiner Eltern, in die ich gehen konnte, wenn ich sie brauchte. In der dritten Februarwoche war ich schon wieder in Indien. Diesmal bekam ich mein drei Monate lang gültiges Touristenvisum in Washington D.C.

Als ich Bangalore erreichte, waren Michelle und einige andere im Regent Guest House beim Mittagessen. Sie freuten sich, mich zu sehen, und waren froh, dass ich es zurückgeschafft hatte. Sai Baba war in Whitefield und es wurde gemunkelt, dass er Anfang März wieder nach Neu-Delhi reisen würde. Etwa eine Woche später traf ich Herrn Gupta beim Darshan. Er bestätigte, dass Sai Baba tatsächlich nach Neu-Delhi gehen würde. Er lud mich freundlicherweise ein, in seinem Haus zu wohnen. Im Frühjahr 1973 ignorierte Sai Baba alle jungen Westler. Wir waren „außen vor", wie es hieß. Eines Tages, als ich die Gelegenheit hatte, fragte ich Sai Baba beim Darshan, ob ich mit nach Neu-Delhi kommen könne. „Alle Amerikaner sind faul", schnauzte er. „Geh' zurück und arbeite dort." Das war seine Antwort! Aber ich war ja erst seit zwei Wochen in Indien und wollte auf keinen Fall so schnell wieder zurückgehen. Michelle meinte, sie würde nach Neu-Delhi mitkommen. "Von Madras aus gibt es einen klimatisierten Bus, der dreißig Stunden braucht und ziemlich billig ist", riet sie mir.

„Besorge mir ein Ticket, dann fahre ich mit", sagte ich und reichte ihr das Geld. Ich beschloss, die vollen sechs Monate meines verlängerten Visums in Indien zu bleiben, egal, was Sai Baba gesagt hatte.

Neu-Delhi war völlig überfüllt. Wir folgten Sai Baba auf seiner Tour durch das Punjab und bis nach Shimla. Ganz gleich, wie sehr ich mich auch bemühte, ganz gleich, wo ich saß, er schaffte es, mich völlig zu ignorieren; während der gesamten sechs Monate, die ich blieb, kein Wort, kein Blick, nichts! Jeden Tag dachte ich, dass dies der Tag sei. Vielleicht sagte er ja wenigstens etwas. Aber er hatte gesagt, was er gesagt hatte, „Geh zurück und arbeite dort", und ich habe nicht auf seinen Rat gehört. Was also hätte er mir noch sagen sollen? Am Ende der sechs Monate beschloss ich, nach Nepal zu reisen. Ich flog von Bangalore nach Kalkutta. Von dort aus nahm ich den Zug nach Benares. Nach zwei Tagen Aufenthalt in Benares fuhr ich mit dem Zug bis zur nepalesischen Grenze. Aber als ich dort ankam, entdeckte ich, dass ich bestohlen worden war, meine Brieftasche hatte in der Seitentasche meines indischen Hemdes gesteckt. Sie enthielt die Visitenkarte, die Sai Baba am Ende des Sommerkurses 1972 für uns alle materialisiert hatte. Sie war weg, zusammen mit meinem ganzen Geld.

Ich ging zur örtlichen Polizeistation. Es tat ihnen leid für mich, aber alles, was sie tun konnten, war, eine Anzeige aufzunehmen. Nun, mir war klar, dass Sai Baba nicht wollte, dass ich nach Nepal ging. Also beschloss ich, dass ich, wenn ich irgendwie nach Neu-Delhi käme, bei der Familie Khosla bleiben und meinen Vater in New York anrufen könnte. Ich ging zum Bahnhof und versuchte, dem Bahnhofsvorsteher meine Situation zu erklären. Aber der argumentierte: „Wie können wir Sie ohne Fahrkarte nach Neu-Delhi fahren lassen?" Ich sagte, dass ich der indischen Bahn das Geld zurückerstatten könnte, sobald ich es von zu Hause geschickt bekäme. Aber das war für ihn kein „Deal".

Als ich mich im Büro des Bahnhofsvorstehers für meinen Fall einsetzte, schaute uns ein indischer Soldat in voller Militäruniform zu. Anschließend kam er auf mich zu und meinte: „Fahren Sie einfach mit uns im Militärwaggon, niemand kontrolliert dort die Fahrkarten." Ich stieg also mit den Soldaten in den Militärwaggon. Ich muss sagen, dass diese Mitglieder der indischen Armee eine unglaubliche Gastfreundschaft an den Tag legten. Sie stellten mir einen Schlafplatz zur Verfügung, boten mir Essen an und waren im Allgemeinen sehr herzlich und freundlich. Es gab nur ein Problem: Wie konnte ich in Neu-Delhi wieder aus dem Zug steigen? Die Regierung ging wirklich hart gegen fahrscheinlose Reisende vor. Um den Bahnhof zu verlassen, musste man seine Fahrkarte vorzeigen. Wenn man keine hatte, konnte das Gefängnis bedeuten. Die Soldaten waren sehr besorgt. Alle fragten sich: „Was ist zu tun?" Nun, Sai Baba löste das Problem.

Als sich der Zug am nächsten Morgen dem Bahnhof von Neu-Delhi näherte, hielt er plötzlich an. Die Soldaten weckten mich: „Herr Howard, steigen Sie schnell aus, schnell!" Sie halfen mir, meine Habseligkeiten einzusammeln, und in gefühlt wenigen Sekunden, nachdem ich aus dem Tiefschlaf erwacht war, stand ich schon auf den Gleisen. Daneben gab es eine niedrige Betonmauer. Ich kletterte darüber und siehe da – ich befand mich genau in der Straße, in der die Familie Khosla wohnte! Das war total praktisch! Ich dankte Sai Baba wieder und wieder und näherte mich ihrem Haus. Sie waren überrascht, mich zu so früher Stunde zu sehen. Aber sie waren natürlich sehr entgegenkommend und gastfreundlich. Ich konnte mich telefonisch mit meinem

Vater in New York in Verbindung setzen und ein Rückflugticket und etwas Geld organisieren.

Da ich insgesamt schon sechs Monaten in Indien war, wusste ich, dass die Einwanderungsbehörde am Flughafen eine Ausreisegenehmigung verlangen würde. Also ging ich wieder zu demselben Ausländeramt in Neu-Delhi, bei dem ich im Jahr zuvor gewesen war. Damals konnten sie es kaum erwarten, mich zum Flughafen zu begleiten und aus dem Land zu bringen. Jetzt weigerten sie sich, mich ausreisen zu lassen. „Sie müssen zurück nach Bangalore und dort Ihre Ausreisegenehmigung einholen, weil Sie dort auch registriert sind", teilte mir der Beamte am Schalter mit.

„Aber letztes Jahr musste ich um vierundzwanzig Stunden betteln, und jetzt lassen Sie mich nicht ausreisen", beschwerte ich mich bei dem Mann.

Es hatte keinen Sinn, sich zu streiten. Ich hatte das Gefühl, dass es ihnen Spaß machte, mich wie ein Huhn mit abgeschlagenem Kopf herumlaufen zu lassen. Also nahm ich den ersten verfügbaren Flug nach Bangalore. Das Flugzeug stoppte in Bombay. Es sollte nur ein zwanzigminütiger Zwischenstopp sein, aber wir mussten fast zwei Stunden warten. Eine Erklärung für die Verspätung wurde nicht gegeben. Als ich in Bangalore ankam und aus dem Flugzeug stieg, war ich überrascht, Sai Babas Auto neben der Landebahn zu sehen. Die Studenten, die zusammen mit dem Fahrer gekommen waren, um Sai Baba abzuholen, kamen auf mich zu. „Wo ist Swami?", fragten sie ganz aufgeregt. „Er sollte mit diesem Flug aus Bombay kommen."

Offensichtlich war Sai Baba drei Tage lang in Bombay gewesen. „Darum haben wir also in Bombay gewartet", sagte ich mir. Ich hatte das ungute Gefühl, dass Sai Baba den Flug nicht genommen hatte, weil er wusste, dass ich an Bord war. Aber ich kam zu dem Schluss, dass es einen wichtigeren Grund gegeben haben muss.

In Bangalore gab mir das Büro des D.S.P. widerwillig eine Ausreisegenehmigung. Der Inspektor kritzelte eine unleserliche Unterschrift auf ein kleines Stück Papier. Der Einwanderungsbeamte am Flughafen von Bombay betrachtete es misstrauisch. „Das ist nicht gut", meinte er kopfschüttelnd. „Sie müssen zurück nach Bangalore." „Aber mein Flug geht doch gerade", flehte ich. Da hatte ich eine Idee. Ich holte ein hübsches Farbfoto von Sai Baba im Format von 20x25 cm aus meiner Reisetasche. „Hier", sagte ich, „nehmen Sie das."

Der Einwanderungsbeamte sah sehr erfreut aus. Er betrachtete das Foto einige Minuten lang, sah dann zu mir auf, lächelte und sagte: „Sie können gehen."

Ehe ich mich versah, war ich wieder in New York City. Es war der August 1973. Als ich in der Wohnung meiner Eltern in der East Side ankam, war niemand zu Hause. Ich hatte meinen eigenen Schlüssel, und der Pförtner erkannte mich, also war es kein Problem, hineinzukommen. Auf dem Küchentisch lag die „New York Daily News". Sie war so aufgeschlagen, dass ein bestimmter Artikel über einen Mann zu sehen war, der auf einer Parkbank an der Ecke 86. Straße und Central Park West lebte. Er nannte sich „Baba Gil". In dem Artikel hieß es weiter, dass sein Guru ein heiliger Mann in Indien sei, der als Sathya Sai Baba bekannt sei. Ich wusste sofort, wer es war. Es war Gil aus der ursprünglichen Gruppe von Ausländern, die im Juni 1970 in Sai Babas Haus wohnten. Er war derjenige, der Puttaparthi im August 1970 verlassen hatte. Er kehrte dann im folgenden Frühjahr 1971 in einem „veränderten Bewusstseinszustand" zurück. Einige Leute meinten, er sei erleuchtet, aber Sai Baba ließ ihn noch am Tag seiner Ankunft aus dem Aschram werfen. Ich war natürlich daran interessiert, zu sehen, was mit ihm geschehen war. Laut den „Daily News" war er jetzt der „Parkbank-Guru der 86. Straße".

Am nächsten Morgen stand ich in aller Frühe auf und ging gleich zur 86. Straße und zum Central Park West. Obwohl es ein schöner warmer Sommertag war, saß Gil in eine Decke gehüllt auf seiner Parkbank. Ein paar Leute, vielleicht zehn, saßen um ihn herum, einige auch auf dem Gehweg. Er sprach nicht, sondern benutzte eine Zeichensprache. Er erkannte mich sofort. Ich habe mir dann die Mühe gemacht, mit jemandem zu kommunizieren, der „Mauna" oder ein Schweigegelübde abgelegt hatte. Was ich nie verstehen konnte, war, warum Menschen bei einem solchen Gelübde all diese verzerrten Gesten machen und sich anstrengen, in Zeichensprache zu kommunizieren. Warum hielten sie nicht einfach die Klappe? Ich blieb eine Weile sitzen, schon allein, um einen alten Freund zu besuchen. Aber ich konnte Gil einfach nicht als Guru annehmen. Vielleicht war es mein eigenes Ego, das nicht akzeptieren wollte, dass einer der Gleichaltrigen vor mir zur Erleuchtung gelangt war. Nach einer Weile langweilte es mich, dort zu sitzen, was ich in Sai Babas Gegenwart nie erlebt hatte. Also verließ ich wieder den Platz. Da ich nun gerade schon in der Upper-West-Side von Manhattan war, ging ich zu Artemis.

Artemis zu besuchen war immer so, als würde ich nach Hause kommen, um Mutter zu sehen. Sie war sehr freundlich und liebevoll zu mir. Wenn ich aus Indien zurückkam, hielt sie mich immer ganz nah bei sich. Sie verstand meinen Gemütszustand und stellte mir nie die Standardfrage: „Was wirst du jetzt mit deinem Leben anfangen?" Sie ermutigte mich einfach nur, Sai Baba zu lieben und mich nicht auf „all den Mist" einzulassen, wie sie das materialistische Leben oft nannte. Artemis in New York zu besuchen, war für mich also eine echte Zuflucht.

Mein Vater konnte mir einen Job bei einem seiner Golfpartner aus dem Country-Club besorgen, der ein kleines Ingenieurbüro in Manhattan besaß. Diesmal kehrte ich nicht nach vier Monaten nach Indien zurück. Ich blieb und arbeitete in Manhattan. Es dauerte sieben Monate, bis ich Sai Babas Anweisung befolgte: „Geh zurück und arbeite dort." Sobald ich anfing zu arbeiten, begann ich, eine innere Harmonie mit Sai Babas Willen zu verspüren. Es ist nicht so, dass ich die Arbeit mochte, in Wirklichkeit habe ich sie gehasst. Aber zumindest fühlte ich, dass es das war, was Sai Baba von mir verlangte.

Zu dieser Zeit war die Meditationsgruppe von Artemis aus der Wohnung am Riverside Drive herausgewachsen und zog in die St. Luke's Church in der Hudson Street im West-Village. Fast zweihundert Menschen besuchten die Treffen jeweils am Donnerstagabend. Ein großer Teil der Treffen war Sai Baba und seinen Lehren gewidmet. Aber Artemis hielt es für notwendig, auch die Lehren anderer „Meister", wie sie sie nannte, vorzustellen. Schließlich war ihr Guru einer der ganz Großen, Swami Nityananda. Das Treffen hatte ein universelles Thema, das ein Freund von mir als „Guru-Schwemme" bezeichnete.

Im Laufe der Zeit entwickelten die Treffen, die alle von Artemis geleitet wurden, ihren eigenen Charakter. Für viele, die daran teilnahmen, war sie in der Tat ihr Guru. Das Einzige, was mich daran störte, war, dass es so schien, als ob Sai Baba zusammen mit den anderen „Meistern" auch als einer der vielen Gurus verstanden wurde. Die Tatsache, dass er der selbsternannte Avatar des Zeitalters, der Guru der Gurus war, wurde der Gruppe im Allgemeinen nicht mehr deutlich gemacht. Ich dagegen hatte das Gefühl, dass so viel von Sai Babas Mission auf der Tatsache beruhte, wer er wirklich war, und auf seiner Erklärung dazu. Aber all dies war im Alltag von geringer Bedeutung. Ich war mindestens fünfmal in der Woche in Artemis' Haus. In unserer kleinen Gruppe gab es noch andere, die ihr nahestanden, allesamt Sai Baba-Anhänger. Leela, meine enge Freundin und Reisebegleiterin, lebte in Artemis' Wohnung. Der „innere Kreis" um Artemis war also ein Sai Baba Satsang.

Meinen Job erledigte ich in einem Büro in der 47. Straße und der Avenue of the Americas. Aber noch bei meinen Eltern zu wohnen, war für mich spirituell betrachtet nicht die beste Atmosphäre, und es war auch nicht einfach, quer durch die Stadt zur Arbeit zu gelangen. Ich wollte so viel Geld wie möglich sparen, um nach Indien zurückzukehren. Nach einigen Berechnungen kam ich zu dem Schluss, dass ich eine eigene Wohnung brauchte, mir dafür aber nur fünfundachtzig Dollar pro Monat leisten konnte. Die Wohnung sollte so nah sein, dass ich zu Fuß zur Arbeit gehen und das Fahrgeld sparen konnte. Eines Tages, als ich mit dem Firmenwagen durch ein Viertel der West-Side fuhr, das als „Des Teufels Küche" bekannt war, entdeckte ich eine Wohngegend, die mir geeignet erschien. Im Geiste bat ich Sai Baba, mir dort eine Wohnung für fünfundachtzig Dollar im Monat zu suchen. Noch am selben Abend rief mich ein Freund an. „Kennst du jemanden, der daran interessiert ist, eine Wohnung in der 50. Straße für fünfundachtzig Dollar im Monat bis April zu mieten?", fragte er mich, ohne von meinen Gebeten zu Sai Baba zu wissen.

„Ja, ich!", war meine begeisterte Antwort. Bis April war alles perfekt. Bis dahin würde ich genügend Geld gespart haben, um für sechs Monate nach Indien zurückzukehren.

Etwa einen Monat vor meiner Rückkehr nach Indien rief mich eines Tages Artemis an und sagte, ich solle in ihre Wohnung kommen und dort jemanden treffen. Als ich ankam, wurde ich ins Wohnzimmer geführt und kurz informiert. Artemis war sehr aufgeregt. „Du wirst eine echte Heilige treffen, Darling“, sagte sie. „Sie ist zwar nur eine Hausfrau aus Brooklyn, aber sie geht in Samadhi.“ Artemis erzählte mir ein wenig über sie. Ihr Name war Athena. Sie nahm an Yoga- und Meditationskursen in einem Aschram in New York teil, als sie ihr erstes „Erlebnis“ hatte. Offenbar erschien ihr der große spirituelle Meister Swami Nityananda, der auch Artemis' Guru war, während sie in ihrem Badezimmer meditierte. Die Erfahrung versetzte sie in Samadhi, meinte Artemis. Sie musste nämlich in ihrem Badezimmer meditieren, um sich vor ihrem Mann zu verstecken, der sie für verrückt hielt. „Jetzt, mein Lieber, ist sie in meinem Schlafzimmer und sitzt auf dem Sofa. Sie ist im Samadhi. Wenn du reingehst, sei ganz still und setz dich auf den Boden. Ich werde versuchen, sie aus dem Samadhi zu holen, damit du ihr begegnen kannst.“

Ich hatte keine Ahnung, was mich erwartete, als Artemis die Schlafzimmertür öffnete. Zunächst einmal war mir nie in den Sinn gekommen, dass Artemis die Macht hatte, jemanden aus dem Samadhi zu holen. Aber ich schob den Gedanken beiseite und betrat leise das Zimmer. Was ich sah, war nicht das, was ich zu sehen erwartet hatte. Dort saß eine sehr ungewöhnlich aussehende Frau auf dem Sofa. Sie hatte langes schwarzes Haar, das eher gefärbt als natürlich aussah, war stark geschminkt und hatte falsche Wimpern. Außerdem trug sie eine Menge Schmuck. Sie saß in der Lotossitzposition. „Sieh, wie steif sie dort sitzt“, sagte Artemis leise und wies mich an, ihre Hand zu berühren: „Versuche, ihre Hand zu öffnen.“ Ich versuchte es, aber es gelang mir nicht. Artemis begann, diese Frau an der Stirn und an der Brust zu berühren und ihr ins Ohr zu flüstern: „Komm herunter, Athena, komm herunter!“ Plötzlich bebte Athenas ganzer Körper. Sie begann etwas zu murmeln, das sich wie „Manu Sita Santanya“ anhörte.

Nach einigen weiteren Minuten öffnete sie die Augen. „Hi“, begrüßte sie mich, als sie mich erblickte, wie ich vor ihr auf dem Boden saß. „Wo zum Teufel bin ich?“, fragte sie in stark akzentuiertem Brooklynese.

„Du bist hier bei mir, Darling“, erinnerte Artemis sie. Sie umarmten sich innig. Artemis stellte mich vor. Athena beugte sich vor und gab mir einen Klaps auf die Stirn. Das Nächste, was ich wusste, war, dass ich vor lauter Energie „dampfte“. In meinem Kopf drehte sich alles. Ich fühlte mich, als wäre ich plötzlich „high“ von irgendeiner Droge, dabei hatte ich gar nichts eingenommen. „Sie hat dir Shakti gegeben, Lieber“, informierte mich Artemis mit Autorität. „Meditiere einfach eine Weile.“ Ich schloss meine Augen und ging in tiefe Meditation. Ich weiß nicht, wie lange ich dort saß. Aber als ich wieder zu mir kam, saßen Athena und Artemis im Wohnzimmer und lachten und redeten.

Athena schlug vor: „Komm, Schatz, ich fahre dich in die Stadt. Ich muss zurück nach Brooklyn, bevor mein Mann merkt, dass ich weg bin. Er ist Italiener“, fügte sie hinzu, was in New York im Grunde bedeutete, dass er ein männliches, chauvinistisches Schwein sei. Die Art, wie sie es sagte, erklärte alles.

Athenas Auto war ein großes schwarzes Cadillac-Cabrio mit einem vergoldeten Kühlergrill. „Das ist Sals Auto“, sagte sie, als sie mich die West End Avenue hinunterfuhr, ohne an irgendeiner Ampel zu halten. „Er wird mich umbringen, wenn er herausfindet, dass ich damit nach Manhattan gefahren bin.“ Ich betrachtete Athena immer wieder. Manchmal sah sie wirklich schön aus, aber in einem anderen Licht war sie nur geschminkt. Während sie weiter in die Innenstadt raste, griff ich mit einer Hand nach dem Sicherheitsgurt, während ich mit der anderen meinen Sai Baba Talisman umklammerte. Als wir die 50. Straße erreichten, hielt sie an, um mich aussteigen zu lassen. Sie sah mich eindringlich an und sagte: „Artemis ist die göttliche Mutter, du hast großes Glück.“ Zum Abschied umarmte sie mich.

Es war eine tolle Erfahrung, an diesem Tag mit Athena zusammen zu sein. Ich spürte eine Menge Energie und hatte eine kraftvolle Meditation. Aber ich hatte bereits Pläne, nach Indien zurückzukehren, und mein Geist war auf Sai Baba ausgerichtet. Sieben Monate waren verstrichen, seit ich meinen geliebten Herrn zuletzt gesehen hatte.

In den nächsten Wochen sollte ich jeden Dienstagmorgen Athena treffen. Jedes Mal, wenn ich zu Artemis kam, waren wieder mehr Leute da. Langsam entwickelten sich die Sitzungen am Dienstagmorgen zu einem Meditationskurs. Aber bevor ich mich zu sehr engagieren konnte, musste ich nach Indien. Kurz bevor ich abreiste, zeigte ich meinem Vater ein Bild von Athena. „Sie sieht aus wie eine Nutte", scherzte er. „Ich glaube, ich habe sie neulich abends auf der 8. Avenue gesehen."

Das Gopuram-Tor in Prashanti Nilayam

DONNERGROLLEN

In vielerlei Hinsicht war 1974 mein schwierigster Besuch bei Sai Baba. Die jungen Leute aus dem Westen bekamen keine Zimmer innerhalb des Aschrams mehr. So mussten wir uns eine Unterkunft außerhalb des maroden und sehr schmutzigen Basars suchen. Ich mietete mir ein Zimmer direkt vor dem Ganesha-Tor von Prashanti Nilayam. Das Zimmer war sauber, aber die Umgebung war mit Müll übersät und durch offene Abwässer verschmutzt. Sai Baba schenkte mir wenigstens etwas Aufmerksamkeit, aber ein Interview kam trotzdem nicht zustande. Wir waren weit entfernt von den Tagen, als wir wie seine Kinder in seinem Haus in Whitefield lebten. Als die Regenzeit kam, begann ich wieder, Asthma zu bekommen. Seit 1970 hatte ich keines mehr gehabt.

Eines Tages sprach ich zu Sai Baba während des Darshans: „Swami, ich habe starkes Asthma."

„Nicht Asthma", meinte er, „Isnophilia."

„Was?" Ich versuchte, eine Erklärung zu bekommen, aber er ging weiter.

Aber dann kam er zurück und sagte: „Geh nach Bangalore und hole dir gutes Essen. Hier gibt es kein gutes Essen." Also fuhr ich nach

Bangalore und verbrachte dort zehn Tage im „Ananda Bhavan Guest House“. Meine Mahlzeiten nahm ich im Regent's-Guest-House ein, das von meinem Freund Haroon geführt wurde. Schon bald verbesserte sich mein Zustand erheblich. Aber sobald ich nach Puttaparthi zurückkehrte, wurde ich wieder krank. Ich empfand das Leben nun als sehr unangenehm. Puttaparthi war nicht mehr mein Traumparadies, das es einmal war. Nachdem meine sechs Monate um waren, beschloss ich, nach New York zurückzukehren. Ich bat Sai Baba um Erlaubnis, und er sagte: „Oh ja, geh‘, sehr glücklich.“ Später schickte er mir durch einen Sevadal ein Bündel Vibhuti-Päckchen. Ich flog über Kairo, wo ich einen Zwischenstopp einlegte, um die große Pyramide zu besichtigen, und dann weiter nach London, wo ich eine weitere Woche mit Freunden verbrachte, bevor ich nach New York City und zu Artemis zurückkehrte.

Bei Artemis hatten sich die Dinge radikal verändert. Zu ihr und Athena gesellten sich nun Ram Dass und seine Anhänger. Die drei leiteten jetzt den Unterricht. Es war klar, dass Athena im Zentrum der Aufmerksamkeit stand. Sie war der neu gefundene Guru, der „erleuchtete Meister“. Artemis sagte: „Wir sind hier alle auf dem Weg zu Gott, während du drüben in Indien nur auf deinem Hintern rumsitzt.“ Diese Aussage war sehr seltsam, wenn man bedenkt, dass ich immer dachte, dass Artemis Sai Baba als die Inkarnation der Gottheit ansah, so wie ich auch. Was könnte ein besserer Weg zu Gott sein, als zu seinen Lotosfüßen zu sitzen, fragte ich mich?

Das Einzige, was sich nicht allzu sehr verändert hatte, waren Artemis‘ Treffen am Donnerstagabend. Nur dass sie jetzt auch Athena in ihre Liste der Gurus aufnahm. Im Laufe der Jahre war ich Artemis sehr ans Herz gewachsen. Sie verkörperte für mich die liebevolle, anerkennende Mutter, die ich zu Hause nie hatte. Meine eigene Mutter war immer uneins mit dem, was ich tat, und so gab es endlose Streitereien. Für Artemis konnte ich nichts falsch machen. Sie sah in mir einen jungen spirituellen Sucher. Ich befand mich auf dem Weg zu Gott. Anhaftung hat die Macht, einen für die Wahrheit blind zu machen, und in diesem Fall verstellte sie mir den Blick auf das, was vor sich ging.

Die Implikation war, dass Athene und Artemis zwei Strahlen der göttlichen Mutter waren, die sich im Laufe der Jahrhunderte zusammen inkarniert hatten, um der Menschheit zu helfen. Ich weiß nicht, wer Ram Dass bei all dem sein sollte oder für wen er sich hielt, aber er gehörte zu den „göttlichen Damen". Ich habe es Ram Dass besonders übel genommen, dass er schlecht über Sai Baba geredet hat. Athena aber war Ram Dass besonders zugetan. Es fiel mir wirklich schwer, das Ganze zu schlucken. Ich dachte mir, dass es vielleicht nur an meinem Ego lag, und so beschloss ich, in einer abwartenden Haltung teilzunehmen.

Langsam merkte ich, dass etwas „faul im Staate Dänemark" war, aber ich blieb still. Ich wollte Artemis nicht beleidigen und ich war nicht bereit, die Nabelschnur, die mich mit ihr verband, zu durchtrennen. Artemis wurde immer abwegiger. Sie glaubte, dass sich alle diese „großen Seelen" auf der Astralebene aufhielten, um bei ihr und Athena zu sein. Wenn wir uns in ihrer Wohnung versammelten, hatte sie zahlreiche Kissen für die verschiedenen astralen Persönlichkeiten ausgebreitet. Wir wurden angewiesen, uns nicht auf sie zu setzen oder in ihre Nähe zu gehen, damit wir nicht eine von ihnen störten. Es war also ziemlich lächerlich. Wir saßen dicht gedrängt an einem Ende des Wohnzimmers, und am anderen Ende lagen all diese leeren Kissen. Vielleicht saßen Perikles, Ganesha, Mozart und Häuptling Weiße Wolke und wer auch immer sonst noch da sein sollte, wirklich auf diesen Kissen. Aber ehrlich gesagt, war mir das egal. Artemis tippte mir immer an die Stirn und versuchte, mein drittes Auge zu öffnen, damit ich sie sehen konnte, aber das gelang mir nie wirklich.

Durch einen glücklichen Zufall konnte ich ein kleines Häuschen in Pound Ridge, New York, fünfundfünfzig Meilen nördlich von Manhattan, in den schönen bewaldeten Hügeln von Westchester-Country, mieten. So konnte ich aus New York City und der ganzen verrückten Szene entkommen. Das war etwa im Oktober 1975. Zu dieser Zeit war die Artemis-Athena-Bewegung bereits erheblich angewachsen. Ram Dass war mit seinem Ruhm eine große Attraktion. Athena hatte verschiedene Gemeinschaftshäuser in ganz New York, Queens und Brooklyn eingerichtet. Die Versammlungen fanden an verschiedenen Tagen in den verschiedenen Häusern statt. Jedes Treffen war ausgewählter als das andere, und man musste „bereit" sein, am nächsten teilzunehmen. Athena wurde still, angeblich in Samadhi, und Artemis griff nach ihrem Stein und rieb ihn wie wild, wobei sie sogar ins Schwitzen geriet. Sie wendete sich wütend zu uns und sagte, wir sollten an ihrer Shakti „ziehen“, um sie auf der Erde zu halten. „Wollt ihr sie verlieren?“, schrie sie, während wir uns alle unsere eigenen Variationen des „Ziehens ihrer Shakti“ vorstellten. Schließlich kam Athena „herunter“, zurück in diese Welt, und setzte ihre Vorträge fort.

Einmal blieb sie lange Zeit starr. Artemis fiel schluchzend auf den Boden, wälzte sich herum und schrie „Athena, verlass mich nicht!“, so laut sie konnte. Dann stand sie völlig zerzaust auf und begann eine Tirade gegen uns alle, weil wir uns zu sehr mit „Sex-Schwingungen“ umgaben. Die ganze Episode machte mich krank. Ich fragte mich ständig: „Wer braucht das?“

Michelle hatte die ganze Zeit über in New York gelebt, sich aber von Artemis getrennt. Ich wollte Michelle eigentlich nicht sehen, aber ich tat es trotzdem. Sie war wie meine Schwester. Ich konnte mich nicht völlig von einer so alten Freundschaft trennen, auch wenn ich sie wahrscheinlich seltener sah.

Im Jahr 1975 hielt Sai Baba im November eine Weltkonferenz in Puttaparthi ab. Ich wollte unbedingt dabei sein. Er schickte Dr. Bhagavantam nach Amerika, um Delegierte auszuwählen. Wir hielten ein Treffen in Michelles Wohnung ab. Als Artemis davon erfuhr, rief sie mich um Mitternacht an und sagte, ich sei ein Verräter, weil ich Michelles Wohnung aufgesucht hätte. Nach dem Treffen beschloss Artemis, dass sie die Leitung übernehmen würde. Sie bestand auf einem separaten Treffen mit Dr. Bhagavantam.

Obwohl ich unbedingt an der Konferenz teilnehmen wollte, hatte ich nicht genügend Geld, um zu fliegen. Ich hatte eine Zeitlang gearbeitet. Aber die Firma, für die ich gearbeitet hatte, ging in Konkurs, und so war ich gerade arbeitslos. Außerdem tat Artemis ihr Bestes, um mir die Teilnahme auszureden.

Weihnachten (1975) stand vor der Tür. Athena hatte mich in ihre Kellerwohnung eingeladen, um das Vibhuti zu sehen, das Sai Baba auf den Bildern in ihrem Pujaraum „manifestiert“ hatte – was in den Häusern von Sai-Devotees nicht selten vorkommt. Ich hatte gesehen, dass sich Sai Babas Vibhuti an verschiedenen Orten manifestierte, und war mir nicht sicher, ob dies auch einer von ihnen war. Die Asche könnte ja zwischen die Bilder und die Gläser innerhalb des Bilderrahmens gestopft und dann im Raum verstreut worden sein. Wie um einen letzten Versuch zu unternehmen, mich bei der Stange zu halten, sagte Artemis, dass ich nun bereit sei, an einem geheimen Kurs teilzunehmen, in dem man „die Kraft direkt von der göttlichen Mutter erhalten" könne. Er war so geheim, dass nicht einmal Artemis den Raum betrat. Es waren dort nur Athena, Ram Dass und ein paar Auserwählte.

Am verabredeten Tag wurde ich von Artemis zu einer Mansarde in einem der Gemeinschaftshäuser der „Königin" begleitet. Athena tat stets so, als ob sie sich total freute, mich zu sehen, und machte immer ein großes Theater, wenn ich zu den Treffen kam. Dieses Mal war sie ein wenig ernster. Sie saß mit Ram Dass an einem Ende der Halle, beide in dieselbe Decke eingehüllt. Ram Dass warf gelegentlich den Kopf zurück und hatte einen ekstatischen Ausdruck im Gesicht. Athena und Ram Dass sagten mir, dass ich nun für die geheime Einweihung bereit sei. Ich wurde angewiesen, meine Augen zu schließen und ihre Shakti aufzusaugen. Aber ich stand einfach auf, verließ leise den Raum, stieg in mein Auto und fuhr nach Pound Ridge.

Dort saß ich das ganze Wochenende herum und sprach mit meinen Freunden über alles, was geschehen war. Dann beschloss ich, Artemis anzurufen. Ich liebte Artemis wirklich. Sie war größtenteils sehr nett zu mir gewesen. Es war schmerzhaft, mit anzusehen, wie sie sich veränderte. Sie war nicht mehr dieselbe ruhige, liebenswerte Frau, die ich im Dezember 1971 kennen gelernt hatte. Es schmerzte, sie anzurufen und einen endgültigen Schlussstrich zu ziehen. „Du bist einfach nicht bereit, die Kraft aufzunehmen", sagte sie nachtragend am Telefon. „Du bist nur ein schwacher, pickeliger, kleiner Kerl." Ich hätte erwartet, dass sie alles Mögliche sagt, aber das gehörte nicht dazu. Ich war verletzt, tief verletzt. Ich fühlte mich, als ob ich meine Mutter verloren hätte. Ich wollte so gerne mit Sai Baba darüber sprechen. Da ich aber nicht nach Indien reisen konnte, rief ich ihn an.

Durch das Rauschen hindurch meldete sich die Stimme der Telefonistin aus Übersee. „Der Baba ist am Telefon“, sagte sie mit indischem Akzent.

Ich rief: „Swami, bist du das?“, aber alles, was ich hörte, war nur ein Rauschen. Drei Tage später kam Sai Baba im Traum zu mir. Ich erzählte ihm alles, was geschehen war, während wir zusammen in seinem Garten einen blumenreichen Weg entlanggingen. Er drehte sich um, sah mich an und sagte sachlich: „Dann geh‘ doch nicht dorthin.“

ZWISCHEN 1976 UND 1977

Drei Monate später, gegen Ende März 1976, verließ Athena Artemis und nahm den größten Teil ihrer Anhängerschaft mit nach Florida. Artemis rief mich an und sagte, ich könne jetzt zu ihr zurückkommen. Aber ich lehnte höflich ab. Ich sagte ihr, dass ich meine, dass Sai Baba Lehrer genug für mich sei. Wie auch immer, ich hatte einen neuen Job in Manhattan angefangen. Mein Leben wurde sehr geschäftig, da ich von Pound Ridge zur Arbeit und zum neu gegründeten Manhattan Sai-Baba-Center fahren musste. Zu Weihnachten 1976, ein Jahr nachdem ich Artemis und Athena verlassen hatte, wollte ich bereits nach Indien zurückkehren und Sai Baba wiedersehen. Ich beschloss, mich diesmal nicht um ein Visum zu bemühen, sondern das dreiwöchige „Landing Permit“ zu bekommen, das man bei der Ankunft in Indien am Flughafen erhält. Ich hatte ohnehin nur drei Wochen Urlaub von der Firma, und die waren schwer genug zu bekommen.

Es war der übliche lange, langweilige Air India-Flug über London und Frankfurt nach Bombay. Ich wartete fast eine Stunde lang in der Schlange am Zoll. Endlich kam ich zum Schalter. Der Zollbeamte sah sich meinen Reisepass an. „Wo ist Ihr Visum?“, erkundigte er sich.

„Ich möchte nur eine Landeerlaubnis für einundzwanzig Tage beantragen“, sagte ich und begann, ein wenig zu zittern.

„Bitte warten Sie.“ Er begleitete mich zu einem Stuhl an der Seite, während er weiterhin die Pässe neu ankommender Passagiere abstempelte.

Nach etwa fünfundvierzig Minuten kam ein offiziell aussehender Mann zu mir herüber. „Wir können Ihnen die Einreise nach Indien ohne ein ordnungsgemäßes Visum nicht gestatten.“ Ich war schockiert. „Wir können nichts tun, wir haben unsere Anweisungen aus Neu-Delhi“, erklärte er mir. Offenbar hatten sie meinen Namen auf einer Liste. Ich stand tatsächlich auf der schwarzen Liste! Sie hielten mich zweiundzwanzig Stunden lang in der Transit-Lounge unter Hausarrest, bis ich den nächsten Flug zurück nach New York nehmen musste.

Das Leben ist doch ein seltsames Drama. Es wird von Gott geschrieben, produziert und inszeniert. Jeder von uns hat seine Rolle zu spielen, aber Gott ist der Regisseur. Wir haben eine gewisse Freiheit, zu handeln und unsere Rolle zu interpretieren, aber das Drehbuch ist bereits geschrieben. Im Grunde müssen wir also dem Drehbuch und den Anweisungen des Regisseurs folgen. Aber genau hier endet die Parallele zwischen dem Leben und der Bühne. Denn im Leben spielt Gott alle Rollen. Sai Baba hat oft gesagt: „Es gibt keinen Grund für Liebe, keine Jahreszeit für Liebe, keine Geburt und keinen Tod.“ Es ist also letztlich unmöglich, zu versuchen, einen Grund für das alles zu finden. Alles, was man tun kann, ist es, zu akzeptieren, dass es einfach so ist, wie es ist. Sai Baba hat uns einmal gesagt: „Hingabe bedeutet, Gott überall zu sehen.“ Ich interpretiere das so, dass alles Gott ist. Jedes Ereignis, das geschieht, ist der Wille Gottes. Und so war es Gottes Wille, dass ich am Flughafen abgewiesen wurde. Ich musste es akzeptieren und weitermachen. Das machte es nicht weniger schmerzhaft, aber es half mir, meine Vernunft zu bewahren.

Diesmal gab es keine Artemis, zu der ich hätte zurücklaufen können. Diesmal war ich wirklich allein. Auf dem ganzen Rückflug dachte ich immer wieder, dass ich Baba so nahe war, aber dennoch konnte ich nicht zu ihm gelangen. Es war wie in einem dieser Albträume, in denen man vor dem Monster wegläuft, aber nicht vorankommt. In diesen zweiundzwanzig Stunden in der Transithalle des Flughafens von

Bombay konnte ich Indien überall um mich herum spüren und riechen. Aber ich war nicht wirklich dort.

In Manhattan lernte ich dann eine junge, attraktive Frau namens Susan kennen. Aber nach sechs Wochen trennten wir uns einvernehmlich. Es klappte einfach nicht. Ich hatte seit sieben Jahren keine Freundin mehr und wohl vergessen, wie schwierig es war, eine Beziehung einzugehen. Zurück in Pound Ridge, in meinem kleinen Häuschen, fühlte ich mich sehr einsam. Ich wachte um vier Uhr morgens auf und hatte Asthmaanfälle. Ich betete zu Sai Baba, mir zu helfen. Ich betete auch zu ihm, er möge mir raten, ob ich heiraten solle oder nicht.

Der Winter 1977 war in New York extrem kalt. Die Arbeit war nicht sehr aufregend, aber sie hielt mich auf Trab. Die Firma, in der ich arbeitete, gehörte einem Sai Baba Anhänger namens Harry. Da sie Teppiche aus Indien importierte, hatte Harry gute Verbindungen zum indischen Konsulat in New York. Er sprach mit dem Generalkonsulat und arrangierte für mich ein Treffen. Harry war bereit, sich für mich zu engagieren und stellte mir ein Empfehlungsschreiben aus. Auch der Generalkonsul war sehr hilfsbereit und erreichte, dass Neu-Delhi meinen Namen von der schwarzen Liste nahm. Im Mai 1977 erhielt ich ein neues Visum, und Ende Juni war ich wieder auf dem Weg nach Indien.

Eine Gruppe von acht Devotees aus dem Sai-Baba-Zentrum in Manhattan reiste mit mir. Michelle und Marsha, Indias Schwester, gehörten dazu. Als wir in Puttaparthi ankamen, rief uns Sai Baba innerhalb weniger Tage, genauer gesagt am vierten Juli, zu einem Interview. Zuerst war er beim Darshan auf mich zugekommen und hatte mit einem breiten Lächeln gefragt: „Wann bist du angekommen?“

Ich antwortete: „Gestern, Swami“, hocherfreut über die Aufmerksamkeit.

„Wie viele Leute sind in deiner Gruppe?“, fragte er mich dann.

„Acht“, war meine Antwort. „Interview?“, fragte ich.

„Ja, ja“, erwiderte er im Weggehen.

Sowohl Michelle als auch Marsha wollten heiraten. Sie hatten die „passenden" Männer kennengelernt und ersuchten nun die Zustimmung von Sai Baba. Der Mann, dem Michelle begegnet war, war mit ihrer Mutter unterwegs. Er hieß Richard. Ich hatte ihn im April kennengelernt, als er nach New York kam, und Michelle traf.

Während des Gesprächs schaute Sai Baba mit einem schelmischen Grinsen zu mir herüber. „Wo ist Ihre Frau, Sir?", fragte er und zeigte mit dem Finger auf mich.

„Ich habe keine Frau, Swami", war meine unschuldige Antwort.

„Und was ist mit dem Mädchen? Erzähl mal!", fragte er spöttisch. Ich wusste sofort, dass er Susan meinte.

„Sie war nicht wirklich meine Frau", erklärte ich und genoss das Schauspiel.

„Ja, nur eine Teilzeitfrau", meinte er. „Das ist nicht gut", fügte er ernster hinzu. „Das gefällt mir nicht." Es stimmte, Susan und ich sahen uns nur an den Wochenenden, also war die Beziehung in gewissem Sinne „Teilzeit".

„Was ist mit deinem ..." – Sai Baba machte eine Geste in Richtung seiner Brust, als er dies fragte, und atmete tief ein.

„Meinem Asthma?", fragte ich zurück und versuchte zu verstehen, was er meinte.

„Asthma oder Isnophilia", bestätigte er und erinnerte mich an das, was er damals 1974 gesagt hatte. Dann fuhr er fort: „Ja, ja, manchmal wachst du frühmorgens auf und kannst nicht atmen. Dann kannst du nicht arbeiten. ‚Hallo, ich kann nicht zur Arbeit kommen.' Ich weiß, Du hast in Deinem kleinen Zimmer in New York gesessen und zu Swamiji gebetet, soll ich heiraten, soll ich nicht heiraten? Heirate jetzt nicht. Führe ein freies, ungebundenes Leben." Er richtete nun seine Aufmerksamkeit auf die anderen im Raum. Ich war ganz erregt. Er hatte meine Gebete erhört, zehntausend Meilen entfernt, sechs Monate zuvor. Er wusste, was ich in meinem kleinen Häuschen in Pound Ridge, New York, tat. „Er ist allgegenwärtig", dachte ich bei mir.

Im weiteren Verlauf des Gesprächs sprach er über Michelles und Marshas Wunsch, zu heiraten. Er machte sich über sie lustig und gab ihnen nicht die Antworten, die sie haben wollten. Aber im nächsten Gruppen-Interview schon sagte er ihnen, dass er ihre Hochzeitszeremonie in Whitefield durchführen werde. In diesem Interview fragte er mich einfach: „Wie geht es Ihnen, Sir?“ Mir ging es gut. Dort zu sitzen und ihm zuzuschauen, wie er mit seinen Devotees „spielte“, war sowieso alles, was ich wollte. Es war schon fünf Jahre her, dass ich zuletzt diese Gelegenheit hatte.

Er beendete das Gespräch, indem er uns mitteilte, dass er nach Whitefield fahren würde und wir dorthin kommen sollten. Er legte den Termin für die Doppelhochzeit fest. Marsha musste ihren Verlobten anrufen und ihn bitten, so schnell wie möglich nach Bangalore zu kommen. Die gesamte Gruppe machte sich auf den Weg nach Bangalore und checkten im Bombay Ananda Bhavan in der Grant Road ein.

Der Tag der Hochzeit kam. Die Gruppe versammelte sich vor dem Interviewraum in Whitefield. Sai Baba kam heraus. „Wo sind sie?“, fragte er und meinte damit die beiden Bräute. „Sie sind spät dran“, meinte er, während er auf und ab ging. Nach ein paar Minuten kamen sie endlich. Sie waren in einem Schönheitssalon in Bangalore gewesen, um sich die Haare machen und die Gesichter schminken zu lassen. Sai Baba grinste, als sie auf uns zukamen. Er geleitete uns alle in den Interviewraum. Als die Bräute hineingingen, hörte ich ihn „Make-up“ sagen. Drinnen strahlte er wie eine liebende Mutter und ein liebender Vater der Bräute. Er schenkte den beiden neue Seidensaris und ließ sie in Begleitung einer indischen Dame ins Hinterzimmer gehen, damit sie sich umzogen. Während sich die Bräute umzogen, beugte er sich zu Richard, Michelles zukünftigem Ehemann, hinüber und fragte: „Was ist der Sinn der Ehe?“ Richard antwortete unschuldig: „Liebe.“

„Nicht Liebe, Lust“, spottete Sai Baba. „Es gibt aber keine Rose ohne Dornen", fuhr er fort. „Die Liebe ist die Rose, die Dornen sind die Lust.“ Als er zu Ende gesprochen hatte, kamen die Bräute heraus und strahlten in ihren neuen Saris, die Sai Baba ihnen geschenkt hatte. Die beiden Paare setzten sich direkt zu seinen Füßen. Er segnete jedes und materialisierte Reiskörner, die er auf ihre Köpfe streute. Er rezitierte einige

Mantras in Sanskrit. Dann bewegte er seine Hand und ließ sie in der Luft kreisen. Ich hörte den Klang kleiner Glöckchen. Auf einmal erschienen zwei Paar goldene Ohrringe mit Glöckchen, ein Paar für jede Braut. Als Michelle versuchte, die Ohrringe anzustecken, beklagte sie, dass die Stifte zu dick seien und in den Ohren schmerzten. Sai Baba lachte. „So wie in einer Ehe – Bindung und Leid." Ehe wir uns versahen, war die Hochzeit vorbei. Sai Baba bewegte erneut seine Hand und materialisierte für alle Anwesenden Süßigkeiten. Jeder von uns durfte abwechselnd seine Füße berühren.

In der nächsten Woche beim Darshan kam er fast jeden Tag vorbei und sagte irgendeine Kleinigkeit zu mir. Schließlich war es Ende Juli. Ich musste zurück nach New York und zurück an die Arbeit. Harry hatte mir großzügig einen Monat Urlaub gegeben. Michelles Mutter reiste mit demselben Flug ab, wie auch andere aus unserer Gruppe. Am allerletzten Tag, zur allerletzten Stunde, rief er uns noch einmal zu einem Interview zusammen. Ich wollte ihn fragen, was ich tun solle, um meine Lust zu kontrollieren, da er mir wie schon 1971 geraten hatte, nicht zu heiraten. Wir standen in einem Halbkreis um Sai Baba herum, direkt vor dem Interviewraum. Die Frauen, einschließlich Michelles Mutter, standen auf der einen Seite, die Männer wie immer auf der anderen. Einer nach dem anderen rief er uns in den Interviewraum, um mit jedem unter vier Augen zu sprechen, wobei er die Tür offenließ; wir anderen konnten die Szene also beobachten. Ich wartete ungeduldig darauf, dass ich an der Reihe war. Ich wollte mit ihm unter vier Augen über das sehr heikle Thema der Lust sprechen. Aber nachdem er mit den anderen fertig war, ging er hinein, um seine Plastiktüte mit den Vibhuti-Päckchen zu holen. Er kam heraus und hielt die große rote Tüte in der einen Hand. Mit der anderen Hand winkte er mir mit einem breiten Grinsen auf seinem strahlenden Gesicht zu. „Wo ist deine Frau?", wiederholte er laut.

„Swami, ich habe keine Frau. Diese Beziehung hat nur sechs Wochen gedauert."

„Ja, ich weiß", sagte er. „Das ist nicht gut; ich mag das nicht", wiederholte er. „Heirate jetzt nicht", fügte er hinzu, „du bist nicht mehr ganz jung, eher im mittleren Alter." Tatsächlich aber war ich gerade dreißig und jünger als die beiden Herren, die er eben gerade verheiratet hatte. Es war offensichtlich, dass er mich nicht wie die anderen in den Interviewraum mitnehmen wollte.

Aber ich wollte ihn trotzdem noch nach der Lust fragen. „Swami", flüsterte ich, damit die Frauen es nicht hören konnten, „wie soll ich mit der Lust umgehen?"

„Was?", fragte er und tat so, als ob er nichts gehört hätte. Er konnte meine Gebete auf zehntausend Meilen Entfernung hören, aber bei fünfundvierzig Zentimetern hatte er einige Schwierigkeiten.

Ich sprach jetzt ein wenig lauter: „Swami, was ist mit meiner Lust?" „Denke in dieser Zeit an Swamiji", war seine liebevolle Antwort.

„Wann soll ich zurückkommen?" fragte ich noch, weil ich gar nicht gehen wollte.

„Komm' nächstes Jahr zum Sommerkurs", antwortete er und verteilte an alle Anwesenden Päckchen mit Vibhuti. Als er seinen Bungalow betrat und durch die Tür zum Interviewraum ging, drehte er sich um und sah mich an. „Lust, Lust, Lust", sagte er und brach in Gelächter aus. In einem Augenblick war er dann aus unserem Blickfeld verschwunden. Damit war das Interview zu Ende. Auf dem Weg zum Flughafen überlegte ich, wie ich im nächsten Jahr zum Sommerkurs kommen könnte. Das würde mindestens sechs Wochen Urlaub bedeuten.

Das Space-Theatre in Puttaparthi

AUSBILDUNG IM PLANETARIUM

1977 war das Jahr, in dem wir unser eigenes kleines Sathya-Sai-Baba-Zentrum in Pound Ridge, New York, eröffneten. Swami gab seinen Segen dazu, als ich im Juli bei ihm war. Der Winter 1977-78 war wieder brutal kalt. Ich litt sehr unter Asthma oder „Isnophilia", wie Sai Baba es nannte. Meine Arbeit wurde immer langweiliger. Schließlich wurden weder mein Verstand und mein Talent noch meine Architektenausbildung wirklich gebraucht. Also beschloss ich im Frühjahr 1978, nach Kalifornien zu ziehen. Dafür gab es eine Reihe von Gründen. Zunächst einmal war es das Wetter. Die bittere Kälte wirkte sich nachteilig auf meine Gesundheit aus. Jedes Mal, wenn die Temperatur unter fünf Grad Celsius fiel, bekam ich Asthma.

Zweitens war da mein Job. Obwohl Harry ein großartiger Chef, ein wahrer Freund und ein Mitstreiter war, war die Arbeit in seinem Teppichgeschäft nicht sehr interessant. Meine Aufgabe bestand darin, Villen, Stadthäuser und Penthäuser zu vermessen – Wohnungen der Superreichen. Ich hatte das Gefühl, dass Sai Baba mir ständig ihren verschwenderischen Lebensstil vor Augen führte, um meine spirituellen Werte zu verführen. Immerhin bot sich mir so die Gelegenheit, den Lebensstil der Superreichen mit dem der ärmsten Dorfbewohner Indiens zu vergleichen. Ironischerweise schienen die Dorfbewohner, denen ich begegnete, und die materiell absolut nichts hatten, viel glücklicher zu sein.

Eigentlich wollte ich eine neue Karriere beginnen, aber ich war mir nicht sicher, welche es sein sollte. Und dann war da noch die Erinnerung an Artemis und Athena, die wie eine dunkle Wolke über mir hing. Einige meiner Freunde waren immer noch mit der einen oder der anderen in Verbindung. Und selbst nach drei Jahren trauerte ich noch über die Trennung von Artemis. Sie war inzwischen tief in mir vergraben, aber es tat immer noch weh, wann immer ich mich an sie erinnerte. Also dachte ich, Kalifornien könnte ein Neuanfang sein. San Francisco zog mich nach zehn Jahren Abwesenheit wieder in seinen Bann.

Im Mai 1978 übergab ich Harry meine Kündigung und reiste nach Indien, um den Sommerkurs in Whitefield zu besuchen. Harry unterstützte meine Entscheidung sogar, was mir den Übergang erleichterte. Meine Eltern waren erwartungsgemäß verärgert. Es gab eine Menge Streitereien. Meine Mutter beschuldigte natürlich Sai Baba! Irgendjemand musste immer schuld sein, wenn die Dinge nicht so liefen, wie sie es wollte. Aber ich war fest entschlossen, meine Pläne weiterzuverfolgen. Ich hoffte, dass ich nach dem Sommerkurs die Gelegenheit haben würde, Sai Baba über meine Karriere und meinen Umzug nach Kalifornien zu befragen.

Diesmal fand der Sommerkurs in dem neu errichteten Auditorium auf dem Campus des „Sri Sathya Sai Arts and Science College" in Whitefield statt. Sai Baba kam nicht zu jedem Kurs, wie er es noch 1972 getan hatte, aber wir hatten viel Darshans und jeden Abend eine Ansprache. In diesen beiden Wochen ignorierte er mich völlig. Ich war darüber sehr verärgert. Letztes Jahr hatte er mir gesagt, ich solle zum Sommerkurs wiederkommen – warum ignorierte er mich also jetzt? War es, weil ich meinen Job gekündigt hatte? Wie auch immer, er gab mir viele Darshans. Nach der zweiten Woche des Sommerkurses kam die Nachricht, dass Sai Baba etwa zehn ausländische Devotees für ein Abendprogramm auf der Bühne Bhajans singen lassen wollte. Durch ein mir unbekanntes Verfahren wurde mein Name ausgewählt. Während der Proben schlug ich vor, dass wir „Love Is My Form" üben sollten. Ich wusste, dass Sai Baba das Lied mochte und es oft auch selbst sang. Die anderen neun ausgewählten Devotees waren alle zum ersten Mal bei Baba.

Als der Abend unseres Auftritts gekommen war, saßen wir hinter der Bühne und warteten auf das Stichwort, nach vorne zu kommen. Plötzlich kam Sai Baba hinter die Bühne. Wir standen in einem Halbkreis um ihn herum. Er fragte jeden von uns nach seinem Namen und woher wir kamen. Ich war ein bisschen genervt und dachte: „Weiß er denn nach acht Jahren nicht meinen Namen, oder woher ich komme?“ Aber dann merkte ich, dass er das nur tat, damit sich alle gleich-angenommen fühlen. Dann gab er uns das Signal, auf die Bühne zu gehen. Alle stürmten nach vorne, um so nah wie möglich an seinen Stuhl zu kommen. Ich hielt mich eher zurück. Langsam und würdevoll nahm ich einen Platz in der letzten Reihe ein. Ich wusste, dass Sai Baba das ganze Gedränge um die vorderen Plätze nicht mochte. Vielleicht, so überlegte ich, war es von Sai Baba, dem Herrn, der die Früchte des eigenen Karmas verteilt, bereits vorherbestimmt, und es hatte keinen Sinn, dorthin zu eilen, wo es einem bestimmt war. Sai Baba kam dann auf die Bühne und setzte sich auf seinen Stuhl. Er schaute sich um und gab mir ein Zeichen, mich neben ihn zu setzen. Das machte mich wirklich sehr glücklich. Während jemand anderes einen Bhajan leitete, beugte er sich zu mir herüber und flüsterte: „Kennst du ‚Love is My Form‘?“

„Ja“, flüsterte ich zurück. „Dann sing als nächstes“, sagte er und drückte meine Schulter.

Damit war das Eis auf jeden Fall gebrochen, und von da an genoss ich den Sommerkurs sehr. Das Ende des Sommerkurses kam viel zu schnell. Nach dem Kurs ging es wieder nach Puttaparthi, und ich folgte Sai Baba. Er begann sofort damit, den Westlern, die am Sommerkurs teilgenommen hatten und nun in ihre jeweiligen Heimatorte zurückkehren mussten, Interviews zu geben. Ich war sehr darauf bedacht, mit ihm über meine Pläne zu sprechen. Aber er schien mir aus dem Weg zu gehen. Schließlich kam meine Chance. Er stand beim Darshan direkt vor mir. Ich ging auf die Knie und sagte: „Swami, ich möchte mit dir über meine Arbeit sprechen.“

„Ja, ja, ich werde sehen“, war seine Antwort, während er eifrig aus dem Meer der ausgestreckten Hände zahlreiche Briefe nahm. Ein paar Tage später saß ich in der Kantine beim Mittagessen. Mir fiel ein junger Mann auf, der mir gegenübersaß und ungewöhnlich große Augen hatte. Seine Pupillen schienen im Vergleich zum Weiß seiner Augen sehr klein zu sein. Er trug auch einen äußerst ungewöhnlichen Goldring mit dem Bild von Sai Baba darauf. Ich vermutete, dass Baba ihn für ihn materialisiert haben musste. Ich war neugierig und wollte ihn mir genauer ansehen, also ging ich zu ihm hin, stellte mich vor und fragte ihn, ob ich seinen Ring sehen könne. Er sagte mir, sein Name sei Jesse und sein Zimmer sei in West-Prashanti-Drei.

Am nächsten Tag saß ich bei den abendlichen Bhajans im hinteren Teil des Mandirs, in der Nähe der Eingangstür für die Männer am Gang. Sai Baba ging von seinem Interviewraum die Veranda hinunter. Er sah mich durch die Tür hinten sitzen und gab mir ein Zeichen, auf die Veranda zu kommen. „Wo ist der Mann mit den großen weißen Augen?“, fragte er mich.

Ich wusste sofort, dass er Jesse meinte. „Er ist nicht da“, gestikulierte er in Richtung der Darshan-Reihen. „Ich glaube, er wohnt in West-Prashanti-Drei“, antwortete ich Sai Baba. „Soll ich ihn anrufen?“, fragte ich, bereit, dorthin zu laufen.

„Nein, nicht jetzt“, meinte Baba, „bring‘ ihn morgen früh mit.“ Im Weggehen blieb er noch einmal stehen, drehte sich um und fragte mich: „Ist er aus New York oder Kalifornien?“

„Ich weiß es nicht, Swami“, erwiderte ich und fing fast an zu lachen. Es war offensichtlich, dass er wusste, dass ich Jesse erst am Tag zuvor in der Kantine kennen gelernt hatte.

Ich ging zurück zu meinem Platz im hinteren Teil der Bhajan-Halle. Sai Baba ging durch den Vordereingang, der ausschließlich für ihn reserviert war, und kam den Mittelgang entlang, der die Frauen von den Männern trennte. Er ging direkt auf mich zu und sagte mit einem zufriedenen Blick: „Ich habe ihm diesen goldenen Ring gemacht!“ Dann ging er durch den Hintereingang zurück auf die Veranda.

An diesem Abend saß ich in meinem Zimmer und sonnte mich im Glanz der Ereignisse, die sich kurz vor den abendlichen Bhajans zugetragen hatten. Da kam ein Bote aus dem Registration-Office. Sai Baba würde morgen früh acht Personen zu einem Interview einladen. Ihre Namen standen auf einer Liste. Ich wurde gebeten, sie noch in dieser Nacht ausfindig zu machen und ihnen mitzuteilen, dass sie um acht Uhr morgens auf der Veranda sein sollten. Weder meiner noch Jesses Name waren auf der Liste. Um halb zehn in der Nacht, was für Prashanti Nilayam sehr spät war, ging ich zu diesen Devotees, um ihnen mitzuteilen, dass sie am nächsten Tag zu einem Interview geladen seien. Offenbar hatten diese acht Personen Sai Baba eine Nachricht geschickt, dass sie am nächsten Tag abreisen würden.

Am nächsten Morgen bat ich Jesse, mit mir zu kommen. Wir gingen beide auf die Veranda zu den anderen acht Personen. Niemand sagte ein Wort. Ich dachte mir, dass Sai Baba mir gesagt hatte, ich solle ihn am Morgen mitbringen, also befolgte ich einfach seine Anweisung.

Sai Baba kam heraus, gab seinen üblichen Darshan und rief uns alle in den Interviewraum. Das Erste, was er tat, war, Jesse zu fragen, wo seine Frau sei. Jesse war peinlich berührt. Ich weiß, dass er im Gruppeninterview etwas zu mir gesagt hatte. Aber was er mir in dem privaten Gespräch sagen wollte, war so verblüffend, dass ich alles, was er mir in dem Gruppengespräch gesagt haben könnte, völlig vergaß.

Als er mich schließlich in den Raum zum Einzelinterview rief, war das Erste, was er sagte: „In deinem Haus wird zu viel gestritten." Meine unmittelbare Reaktion war, dass ich dachte: „Ich lebe doch allein", aber mir wurde klar, dass er meine Familie meinte. „Deine Eltern haben keine Hingabe an Gott", fuhr er fort.

„Du gehst den Weg der Hingabe. Es ist ein anderer Weg. Sie halten dich für einen Verrückten, der hierherkommt." Er nahm meine beiden Hände in seine und sagte: „Das ist aber eine gute Verrücktheit!" Dann ergänzte er: „Vergiss sie einfach." Er sah mich aufmerksam an und fragte: „Was ist mit Ihrer Arbeit, Sir?"

Ich antwortete: „Swami, ich habe diese Arbeit aufgegeben."

Er erwiderte darauf: „Geh' zurück und versuche es noch einmal."

„Dieselbe Arbeit?“, fragte ich enttäuscht.

„Ja, ja, versuch's.“

„Aber ich möchte lieber nach Kalifornien ziehen“, wandte ich ein.

„Warum umziehen, der Heimatort ist am besten“, riet er mir.

„Aber Swami“, argumentierte ich, „ich möchte einen Job, bei dem mein Verstand und meine Talente gebraucht werden, ich bin sehr frustriert in diesem Job.“

Er sah mich einen langen Moment lang an und fragte dann: „Was willst du wirklich arbeiten?“

Ohne auch nur zu zögern, platzte ich heraus: „Ich möchte hierbleiben und für dich arbeiten.“

„Oh ja“, entgegnete er sehr enthusiastisch, „ich baue ein Planetarium. Du gehst und machst eine Planetarium-Ausbildung. Du wirst dann dort den Besuchern alles erklären.“ Ich konnte nicht glauben, was ich gerade gehört hatte.

„Eine Planetarium-Ausbildung?“, fragte ich völlig ungläubig.

„Ja, ja, Planetarium-Ausbildung“, wiederholte er, „ich baue ein großes Planetarium“. Er deutete mit einer Handbewegung eine Kuppel an und fuhr fort: „Arbeite noch sechs Monate, mache eine Planetarium-Ausbildung und komme dann zurück. Ich werde alles arrangieren.“

„Aber Swami“, warf ich ein, „ich werde nicht genügend Geld haben, um zurückzukommen.“

Wieder nahm er meine beiden Hände und drückte sie mit so viel Liebe, und versprach: „Ich werde dir Geld geben und mich dein ganzes Leben lang um dich kümmern!“ Ich konnte nicht glauben, was ich da hörte. Er fügte hinzu: „Es gibt doch ein Planetarium in Kalifornien.“

Dann machte ich eine der seltsamsten und wunderbarsten Erfahrungen, die ich je hatte. Swami tat ein paar Schritte auf mich zu und hob seine Hand in der traditionellen Segenspose – und begann, sich zu verändern. Es war, als ob er für ein paar Sekunden vibrierte und eine Welle spiritueller Energie aussandte, die ich als Licht wahrnehmen konnte. Sie umgab mich vollständig. Ich fiel ihm zu Füßen und küsste sie wieder und wieder. Er half mir auf, überreichte mir ein Bündel Vibhuti-Päckchen und führte mich in den angrenzenden Raum, wo die anderen versammelt waren.

In diesen wenigen Augenblicken, als er zurücktrat und mich segnete, wurde mir klar, dass er tatsächlich göttlich ist. Er war nicht so wie der Rest von uns. Sai Baba ist immer göttlich. Aber in den Augenblicken, in denen er es dir unmittelbar zeigt, dann ist er wirklich göttlich. Und wie göttlich er war!

Ausbildung im Planetarium? Ich habe in meinem Leben noch nie viel über Planetarien nachgedacht, geschweige denn, dass ich jemals in einem gewesen bin. Aber wenn es das war, was er mir sagte, dann war ich entschlossen, es auch zu tun. An diesem Abend teilte er Dr. Ramakrishna, der die Leitung des Planetariums übernehmen sollte, mit, dass ich mich „freiwillig für die Arbeit dort gemeldet hätte". Als Dr. Ramakrishna mir das sagte, war mir das nicht ganz geheuer. Ich hatte mich nicht gerade freiwillig gemeldet, um im Planetarium zu arbeiten. Aber ich tat es in gewisser Weise, um für Sai Baba zu arbeiten. Wie auch immer, ich dachte mir, dass ja viel in der Übersetzung verloren geht. Anstatt mich damit zu befassen, ließ ich die Sache auf sich beruhen und traf meine Vorbereitungen für die Rückreise in die USA. Dr. Ramakrishna informierte mich, dass er und sein Vater Dr. Bhagavantam im August nach Kalifornien kommen würden, um sich Planetarien anzusehen. Er schlug vor, dass ich sie vielleicht dort treffen könne und sagte mir, ich solle mich mit Dr. Goldstein, einem Mitglied des World Council in Kalifornien, in Verbindung setzen, wenn ich zurück sei.

Als ich nach New York zurückkam, erfuhr ich durch einen Freund und Devotee, dass Ende Juli eine internationale Konferenz zum Thema Planetarium in Washington D.C. stattfinden würde. Ich bereitete mich darauf vor, auch daran teilzunehmen. Auf der Konferenz in Washington konnte ich alle Informationen erhalten, die ich über Planetarien brauchte. Auf einem Tisch lagen Broschüren von verschiedenen Hochschulen und Universitäten aus, die Kurse für Planetarium-Studien anboten. Die meisten von ihnen verlangten jedoch einen Bachelor of

Science als Voraussetzung. Nur eine Schule tat das nicht. Sie bot einen Kurs „Planetarium-Ausbildung“ an. Das war an der San Francisco State University. Sai Baba hatte mir gesagt: „Es gibt ein Planetarium in Kalifornien.“ Auf der Konferenz lernte ich das Paar Vickie und Dan kennen. Sie waren vom Planetarium-Institut der San Francisco State University. Sie sagten mir, es sei kein Problem, den Lehrgang zu besuchen. Er würde jedes Semester angeboten. Vickie schlug vor, dass ich mich an Professor Hagar, den Leiter der Abteilung für Physik und Astronomie, wenden solle.

Alles klappte reibungslos. Im August fuhr ich nach Kalifornien, um Dr. Ramakrishna und Dr. Bhagavantam zu treffen. Wir besuchten mehrere Planetarien und auch Disneyland, um dort einige wissenschaftliche Ausstellungen zu besichtigen. Harry gab mir meinen alten Job in New York für weitere sechs Monate zurück. Ich bekam sogar mein kleines Häuschen in Pound Ridge zurück. Ich schrieb an Professor Hagar, und er antwortete auch und lud mich ein, an dem Kurs im Frühjahrssemester teilzunehmen. Es lief also alles genau so, wie Sai Baba es gesagt hatte. Im Januar 1979 fuhr ich mit dem Auto nach San Francisco. Es war ein kalter, schneereicher Winter im Nordosten der USA, aber in vier Tagen schaffte ich es bis nach Kalifornien. Mit Don Heath, der das Sai-Baba-Center in San Francisco leitete, konnte ich vereinbaren, dort für sechs Monate ein Zimmer zu mieten.

Vickie und Dan waren sehr hilfreich, als sie mich mit allen Beteiligten des Planetarium-Instituts an der San Francisco State bekannt machten. Professor Hagar behandelte mich wie einen Gastprofessor von Sai Babas Universität. Außer mit Vickie und Dan freundete ich mich auch mit Laurie an, die dort lehrte. Sai Baba sorgte wirklich für alles und arrangierte alles so, wie er es versprochen hatte. Dieses Mal glaubte ich wirklich, dass er es ernst meinte.

Gegen Ende des Semesters lud Professor Hagar die gesamte Belegschaft, einschließlich mich, ein, nach Tucson, Arizona, zu fliegen, um an der Pacific-Planetarium-Conference im Mai 1979 teilzunehmen. Er bezahlte alle Flugtickets aus der eigenen Tasche. Es war ein besonderes Zeichen der Großzügigkeit, mich mitzunehmen. In Tucson lernte ich Vickie und ihre Freundin Laurie ein wenig näher kennen.

Vickie war äußerst sensibel und intelligent. Sie hatte ein fröhliches Wesen und ein hoch entwickeltes soziales Gewissen. Die Menschenrechte waren ihr ein großes Anliegen. Ihr eigener spiritueller Weg bestand darin, das Geheimnis des Universums durch den Prozess wissenschaftlichen Arbeitens zu entdecken. Sie hoffte aufrichtig, als Frau einen wichtigen Beitrag auf dem Gebiet der Wissenschaft zu leisten. Laurie war Lehrerin an der San Francisco State und gehörte zum Personal des Planetariums. Auch sie hatte hohe Ideale und Ziele und ihre eigene Vision von Spiritualität. Wir drei hatten viel Spaß, lachten und scherzten die ganzen drei Tage in Tucson. Damals war es mir nicht bewusst, aber beide waren in mich „verknallt". Auch ich fühlte mich zu ihnen hingezogen. Aber mein Weg war ja vorgezeichnet. Ich wollte zurück nach Indien, um für Sai Baba zu arbeiten. Er würde mir „Arbeit und Geld" geben und sich mein „ganzes Leben lang" um mich kümmern.

Kurz vor Ende des Semesters, als ich dabei war, den Planetarium-Kurs abzuschließen, hatte ich einen seltsamen Traum. Sai Baba erschien mir und war über irgendetwas sehr verärgert. Unaufhörlich sprach er darüber. Aber als ich aufwachte, konnte ich mich an nichts erinnern, was er gesagt hatte. Einige Tage lang hatte ich ein ungutes Gefühl. Aber ich beschloss, dem keine Beachtung zu schenken. Das Semester war zu Ende. Die letzten Tage verbrachte ich damit, mit Vickie und Laurie in San Francisco herumzulaufen, zu Abend zu essen und Clubs zu besuchen.

Als es an der Zeit war, nach Indien zurückzukehren, merkte ich, dass ich nicht genügend Geld hatte. Es lag nicht daran, dass ich mein ganzes Geld für die Stadt ausgegeben hatte, denn Vickie und Laurie spendieren mir das alles. Es waren die Kosten für das Semester an der Schule, die alles aufzehrten. Mir fehlten genau eintausend Dollar, um fliegen zu können. Also schrieb ich eines Abends, genauer gesagt an einem Montag, einen Brief an Sai Baba und bat ihn um tausend Dollar. Dann legte ich den Brief unter ein Bild seiner Füße, das ich auf meinem Altar hatte. Zwei Nächte später, an einem Mittwoch, saß ich allein in der Bhajan-Halle des Sai-Baba-Centers in San Francisco, wo ich lebte. Ich fühlte mich unruhig und beschloss, vielleicht ins Kino zu gehen. Aber gerade als ich zur Tür hinausgehen wollte, klingelte das Telefon. Es war ein Devotee, den ich ein paar Jahre zuvor in New York kennen gelernt hatte. Er war auf einem Zwischenstopp in San Francisco und übernachtete im Hilton. Er wollte wissen, ob an diesem Abend jemand im Zentrum sei, weil er vorbeikommen und ein bestimmtes Buch kaufen wolle. Da ich schon fast zur Tür hinaus war, bot ich ihm an, ihn abzuholen.

Er war überrascht, mich zu sehen. „Ich dachte, du wohnst in New York“, sagte er auf dem Rückweg zum Center im Auto zu mir. Während wir vor dem Altar in der Bhajan-Halle des Sai-Baba-Centers in San Francisco saßen, erzählte ich ihm die ganze Geschichte von der Planetarium-Ausbildung. „Und, wann gehst du zurück?“, fragte er mich.

Ich sagte ihm, ich würde gehen, sobald ich genügend Geld hätte. „Wie viel brauchst du denn?“

„Eintausend Dollar“, antwortete ich, „ich weiß nicht, was ich tun soll, denn Swami hat mir gesagt, ich solle nach dem Training zurückkommen.“

Er griff in seine Jackentasche und holte sein Scheckbuch heraus. „Hier, das ist ein Geschenk von Sai Baba“, sagte er und reichte mir den Scheck. „Erzähle es niemandem, dass ich ihn dir gegeben habe, ok?“, fügte er hinzu. Ein paar Tage später kaufte ich ein einfaches Ticket nach Indien. Ich war auf dem Weg. Ich dachte wirklich, ich würde für den Rest meines Lebens dortbleiben. Michelle, die inzwischen mit Richard verheiratet war und in Los Angeles lebte, warnte mich am Telefon: „Meinst du nicht, du solltest ein Telegramm schicken und herausfinden, ob das Planetarium-Projekt fertig ist oder nicht?“ Aber ob „fertig oder nicht, ich komme“, war meine Einstellung.

„GEH ZURÜCK UND ARBEITE!"

Als ich nach Indien zurückkam, ignorierte mich Sai Baba völlig. Zuerst war ich sehr wütend. Ich saß beim Darshan und dachte, wie kann er mich nach neun Jahren Treue so behandeln? Es gab keine Anzeichen dafür, dass das Planetarium gebaut wurde, und niemand wusste etwas darüber. Und wenn sie es wussten, haben sie nicht darüber gesprochen. Schließlich teilte mir Dr. Bhagavantam mit, dass das Projekt auf Eis gelegt worden sei. Aber ich hatte immer noch das Gefühl, dass Sai Baba mich zu sich rufen und mir eine Erklärung geben sollte. Aber er ließ mich schmoren.

Nach etwa fünf Wochen, in denen ich mit Wut, Frustration, Zweifel, Hingabe und Langeweile kämpfte, schrieb ich Sai Baba einen langen Brief. Darin schrieb ich, dass alle meine Freunde, die in den alten Tagen, als wir so eng mit Sai Baba zusammenlebten, bei mir gewesen waren, jetzt verheiratet seien. Sie hatten Kinder, Häuser und erfolgreiche Karrieren. Und was war mit mir? Im Glauben an seine honigsüßen Worte saß ich nun beim Darshan und hatte nichts. Ich hatte nicht einmal ein Rückflugticket in die Vereinigten Staaten. Alles, was ich hatte, war Enttäuschung. Ich erinnerte mich daran, wie er mir 1971 einmal ein Interview versprochen hatte und mich bis zur letzten Minute warten ließ, dann rief er mich herein und sagte: „Du dachtest, Swamiji würde dich enttäuschen. Aber ich enttäusche nie!"

Nun, was ist damit, dachte ich? Was ist mit all den Dingen, die er letztes Jahr nach dem Sommerkurs zu mir gesagt hatte? War das alles nur eine Lüge? Hat er irgendetwas davon ernst gemeint? Warum sollte ich eine Planetarium-Ausbildung machen, wenn es gar kein Planetarium gab? Kennt er nicht die Zukunft? Ist das alles ein Test? Nach einer Weile fingen all diese Gedanken an, mir den Kopf zu verdrehen. Ich konnte die Teile des Puzzles einfach nicht mehr zusammenfügen. Also beschloss ich, die Sache auf sich beruhen zu lassen und sie zu vergessen. Es dauerte weitere sechs Wochen. Erst elf Wochen nach meiner Ankunft begann ich, die ganze Situation gelassener zu sehen. Gerade als ich endlich ein wenig Frieden in mir spürte, kam Sai Baba beim Darshan auf mich zu und sagte ziemlich kalt: „Es gibt kein Planetarium. Geh zurück und arbeite dort irgendetwas." Dann ging er weiter.

Als der Darshan vorbei war, standen alle auf. Auch ich stand auf, aber ich konnte mich nicht bewegen. Ich war zu fassungslos. Tränen liefen mir über das Gesicht. Es war mehr die Art, wie er es zu mir sagte, als das, was er tatsächlich sagte. Ich fühlte mich einfach so unglaublich elend. Ich wusste nicht, ob ich Sai Baba hasste oder ihn liebte oder was. Ich weiß nicht, wie lange ich dort stand. Aber schließlich legte eine mitfühlende Seele den Arm um mich und begleitete mich zurück in mein Zimmer. Ich konnte den ganzen Morgen nicht aufhören, zu weinen. Ich aß nicht, schlief nicht, redete nicht. Um elf Uhr machte ich mich lustlos auf den Weg zum Mandir zu den Bhajans. Ich setzte mich irgendwo in die Mitte der Gebetshalle und wartete auf die Glocke. Die Bhajans begannen. Nach einer kurzen Weile kam Sai Baba herein und setzte sich auf seinen Thron. In dem Moment, als ich ihn sah, fing ich wieder an zu weinen. Er sah mich immer wieder an und schrieb mit dem Finger in der Luft. Sein Gesicht sah sehr mitfühlend aus. Er schaute mich lange Zeit an.

Beim Abend-Darshan dann saß ich in der ersten Reihe am Ende der Männerabteilung in der Nähe des Tores zur Einfahrt. Sai Baba kam zum Darshan heraus, aber anstatt wie sonst zu den Devotees zu gehen, ging er in die Nähe des Mittelkreises, in dem die universelle Lotosskulptur steht. Als er an mir vorbeikam, rief er: „Wir sehen uns morgen“. Dann ging er gleich wieder hinein. Am nächsten Morgen kam er an den Rand der Veranda und deutete auf mich: „Amerikaner komm‘!“ Er rief noch mehrere andere ausländische Devotees herein, während er herumging und Darshan gab. Im Interviewraum angekommen, setzte ich mich direkt neben seinen Stuhl. Zum ersten Mal überhaupt war ich nicht glücklich, dort zu sein. Ich spürte keine Liebe. Er kam herein und setzte sich. Er schaute mich lange an. „Es gibt kein Planetarium“ begann er. „Was kann ich tun?“, fuhr er fort. „Goldstein, Bhagavantam und dieser Mann aus Chicago“, er hielt inne und fragte: „Wie heißt er noch einmal?“

Ich antwortete kühl: „Ich weiß es nicht, Swami.“

Er dachte einen Moment nach und sagte, als ob er sich freute, dass er sich erinnerte: „Rush, sein Name war Rush“, wobei er das „r“ und das „s“ betonte. „Sie sagten mir, ich würde ein großes Planetarium bekommen. Aber alles, was ich bekommen habe, war dieses kleine“, er bezog sich dabei auf die Sonnensystem-Ausstellung in der Bibliothek von Whitefield. „Kleine Jungs schauen durch kleine Fenster. Wozu soll das gut sein?“, fragte er und sah verärgert aus. „Es ist alles aus Plastik. Alles aus Amerika ist aus Plastik. Ich habe fünfzehn Lakhs (ein Lakh sind 100.000) Rupien ausgegeben. Es ist nicht mehr als zweieinhalb Lakhs wert. Jetzt haben wir kein Geld mehr für ein großes Planetarium.“ Er hielt wieder inne und lehnte sich in seinem Stuhl zurück. Er schrieb ein paar Sekunden lang mit dem Finger in die Luft. Dann beugte er sich vor. „Was hast du zu Hause gearbeitet?“, erkundigte er sich.

„Ich war in der Teppichbranche“, antwortete ich.

„Bist du zur Schule gegangen?“, fragte er noch.

„Ja, Swami, ich habe Architektur studiert, aber das ist schon elf Jahre her“, erwiderte ich etwas missmutig.

„Dann mache etwas im Ingenieur- oder Bauwesen“, schlug er begeistert vor. „Arbeite fünf Jahre und verdiene viel Geld“, dabei gestikulierte er mit den Händen, „und dann komm‘ zurück. Ich werde hier für dich Arbeit haben.“

Fünf Jahre! Das war wie ein Urteil. Ich ertappte mich dabei, dass ich fragte, ob ich zwischen jetzt und den fünf Jahren zurückkommen könne. Aber Sai Baba zuckte nur mit den Schultern und sagte weder ja noch nein. Da saß ich also zu Füßen dieses Mannes, von dem ich glaube, dass er der inkarnierte Gott ist, und ich ging völlig leer aus – so dachte ich. Jetzt gab er mir irgendeine lahme Ausrede und meinte, ich solle fünf Jahre im Ingenieurwesen oder Anlagenbau arbeiten. Was zum Teufel hatte das mit irgendetwas zu tun? Ich dachte mir, entweder bist du der größte Trottel, der je gelebt hat, oder du hast wirklich ein unglaubliches Karma, so dass Gott sich persönlich die Mühe macht, dein Leben zu vermasseln. Das alles musste ein Traum sein. Wer sonst könnte sich so ein Drama ausdenken, außer Gott? Der Teufel könnte niemals auf diese Weise arbeiten. Er möchte ja, dass du dich bis zum Ende deines Lebens in Sünde und Luxus suhlst. Dann legt er dir die Schlinge um den Hals und zieht dich hinab in die Hölle. Inzwischen schien mir das ein ziemlich guter Deal zu sein. Ein bisschen Sünde und Luxus würde mir guttun. Schlimmstenfalls, so dachte ich, ist die Hölle mit Indien vergleichbar. Schlimmer konnte es dort nicht sein.

Nachdem er mit weiteren Devotees gesprochen hatte, rief mich Sai Baba in den privaten Interviewraum. Er begann sofort, mir zu sagen, dass ich voller Wut und Ego sei, und „Eifersucht“ fügte er mit Nachdruck hinzu. „Du denkst, dass alle deine Freunde verheiratet sind und Kinder haben. Ameisen heiraten auch und haben Kinder. Sogar Würmer haben Kinder. Was ist daran so besonders?“, zählte er angewidert auf.

„Und was ist dann mit der Lust?“ fragte ich. „Soll ich in Amerika zölibatär leben?“

„Das ist auf jeden Fall besser. Denke darüber nach, was dieser Körper ist“, riet er mir. „Wenn du heiraten willst, ist das ein guter Weg. Willst du das?“ Aber nachdem er gerade den Vergleich mit den Ameisen und Würmern gemacht hatte, antwortete ich: „Nein, nicht nach all den Jahren.“

Er war zufrieden mit meiner Antwort: „Guter Junge!“, klopfte er mir auf den Kopf, „führe ein freies, ungebundenes Leben.“

Ohne mir die Gelegenheit zu geben, seine Füße zu berühren, ging er zurück in den vorderen Raum, wo die anderen warteten. Er gab uns allen Prasad und schickte uns unserer Wege. Als ich ging, sagte ich mit leiser Stimme: „Swami, ich habe kein Ticket für den Rückflug."

„Keine Sorge", sagte er, als er hinter den Vorhang trat, „ich werde das arrangieren." Nach dem Interview bot mir draußen ein wohlhabender Devotee, den ich aus New York kannte, an, mein Ticket zurück nach San Francisco zu bezahlen. Er sagte, ich könne es ihm zurückzahlen, wenn ich wieder arbeite, ich solle mir darüber keine Sorgen machen.

Innerhalb von zweiundsiebzig Stunden war ich zurück im Sai-Baba-Center in San Francisco. Ich saß auf dem Teppich und schaute auf sein Bild über dem Altar. Es war ein lustiges Bild. Er trug ein rotes Gewand und saß mit gekreuzten Beinen auf einem Bett. Es war eines dieser vergrößerten Schwarz-Weiß-Fotos aus Indien, die von Hand nachkoloriert worden waren. Es hatte eine Art kitschiges indisches Aussehen. Aber es war immerhin ein Bild von Sai Baba. Ich schaute ihn an und sagte: „Ich habe für eine Weile genug, Swami. Ich brauche eine Pause." Ich glaubte nicht wirklich, dass er mich aufgeben würde, aber ich dachte, ich könnte es versuchen. Ich hatte nicht das Gefühl, dass es für mich einen logischen Grund gab, diesen „Pfad der Hingabe", wie er ihn einmal nannte, weiterzugehen. Doch aus irgendeinem Grund, den ich nicht kannte, glaubte ich immer noch an ihn.

Meine Devotee-Freunde waren sehr mitfühlend. Sie bedauerten zutiefst, dass das Planetarium nicht zustande gekommen war. Mein Freund Don, den ich seit 1972 in Indien kannte, rief an, als er hörte, dass ich wieder in der Stadt war. Er meinte: „Warum hole ich dich nicht einfach ab, und wir gehen ins Green's Restaurant in Fort Mason. Es wird vom Zen-Zentrum betrieben und soll ausgezeichnet sein." Ich war nur zu froh, in einem schönen Restaurant mit Blick auf die Bucht und die Golden Gate Bridge zu Mittag zu essen. Auf dem Weg zum Auto dachte ich an Vickie und Laurie. Ich sagte Don, ich wolle sie nicht anrufen. Ich hatte Angst, mich auf die eine oder andere einzulassen.

Ich dachte an das, was Sai Baba über „Ameisen und Würmer heiraten und haben Kinder" gesagt hatte. „Was soll daran schon Besonderes sein?" „Ich glaube wirklich, dass sie mich sehr mögen. Ich meine mehr als wie einen Freund“, erklärte ich Don. „Eigentlich habe ich ein schlechtes Gewissen, weil ich sie nicht angerufen habe. Aber was kann ich machen? Es ist wahrscheinlich besser, wenn ich mich nicht darauf einlasse.“ Ich ließ mich in den Sitz zurückfallen und lehnte meinen Kopf an die Kopfstütze. „Das Leben ist so verdammt kompliziert.“

Don stimmte mir zu. „Aber Vickie und Laurie waren wirklich nett zu dir und haben dir beim Planetarium-Lehrgang doch sehr geholfen“, erinnerte er mich.

„Aber ich kann es einfach nicht riskieren, mich auf sie einzulassen“, erwiderte ich. „Außerdem wird sich Laurie wahrscheinlich mit dem Typ verloben, mit dem sie sich trifft, und Vickie lebt ja mit Dan zusammen, was soll das also bringen?“

Wir parkten auf dem Parkplatz des Fort-Mason-Centers. Nachdem wir ein paar Minuten gewartet hatten, setzte uns die Gastgeberin an einen schönen Tisch mit Blick auf die Bucht. Gerade als ich es mir bequem gemacht hatte, hörte ich zwei Frauen vor Freude aufschreien: „Howard!“ Ich drehte mich um. Es waren Vickie und Laurie am Nachbartisch.

DIE ERSCHEINUNG

Vickie und Laurie waren im Green‘s Restaurant, um Lauries Geburtstag zu feiern. Als ich mit Don hereinkam, sprachen sie gerade über mich und fragten sich, wo ich wohl gerade sei, wie es mir ginge und ob das Planetarium in Indien auch gebaut würde. Natürlich freuten sie sich, mich zu sehen. „Gerade habe ich Don gesagt, dass ich keine von euch anrufen wollte“, sagte ich ehrlich. Sie verstanden natürlich, dass ich sie nur aufziehe. Wir setzten uns alle zusammen und ich erzählte ihnen, was inzwischen geschehen war. Vickie nahm meine Hand und meinte: „Vielleicht kann ich für dich eine Arbeit an der Universität finden; sie brauchen jemanden, der im Herbstsemester in der Sternwarte arbeitet. Ich werde Professor Hagar anrufen und dir dann Bescheid geben.“ Wir verabredeten uns für ein paar Tagen später im Gebäude der Physikwissenschaften auf dem Campus.

Was konnte ich da tun? Die Würfel waren gefallen und wurden von dem, was ich als Schicksal kannte, bewegt. Ich fügte mich also seinem Willen. In San Francisco gibt es Hunderte von Restaurants, mehr pro Kopf als in jeder anderen Stadt der Welt. Wie groß war also die Chance, ausgerechnet ihnen beiden beim Mittagessen zu begegnen? Wir hatten wirklich viel Spaß bei unserem kleinen Wiedersehensessen, und lachten und scherzten. Diese gute Zeit dauerte noch ein paar Wochen an.

Ich bekam einen Teilzeitjob in der Sternwarte. Vickie bezahlte praktisch mein ganzes Essen, und ich wohnte im Sai-Baba-Center für nur fünfzig Dollar im Monat. Die Dinge entwickelten sich also langsam.

Vickie hatte einen guten Freund, Harold, der ebenfalls an der San Francisco State lehrte. Wir drei wurden ein Trio. Laurie verlobte sich und zog nach San Mateo, so dass wir sie nicht mehr oft sahen. Vickies Mitbewohner und Partner, Dan, war immer im Forschungslabor beschäftigt. Beide lebten schon seit sieben Jahren zusammen. Vickie sagte, sie seien ein Paar und sie liebe ihn noch immer. Aber es schien, als würden sie nicht viel Zeit miteinander verbringen. Vielleicht wollte ich es nur so sehen, vielleicht aber war es auch einfach so. Ich wusste es nicht.

Harold konnte wunderschön Klavier spielen. Eines Abends, als Vickie, Harold und ich in der Wohnung von Vickie und Dan „abhingen" und auf das Abendessen warteten, setzte sich Harold hin und begann, ein klassisches und sehr romantisches Stück zu spielen. Vickie war noch im Schlafzimmer und machte sich fertig, um besonders hübsch auszusehen. Ich ging hinein, um herauszufinden, warum sie so lange brauchte. Da zog sie mich zu sich heran und hauchte: „Ich liebe dich." Sie hat mich wirklich überrumpelt.

Ich wusste nicht, was ich sagen sollte. „Und was ist mit Dan?", fragte ich und blickte in den Schrank, wo all seine Kleider hingen.

„Ich liebe ihn auch", sagte sie, als wäre es etwas ganz Natürliches. „Aber ich liebe dich mehr, als ich je einen anderen geliebt habe", fügte sie hinzu.

„Wir spielen also eine romantische Szene mit Hintergrundmusik", fasste ich die Szene zusammen, um die Sache etwas aufzulockern.

„Ich mache aber keine Witze", behauptete sie.

„Nun, ich muss über all das erst einmal nachdenken", sagte ich und fühlte mich bereits, als würde ich Ehebruch begehen, obwohl ich noch gar nichts getan hatte. Ich musste immer wieder an diese Frau denken, die ja mit einem anderen Mann zusammenlebte. Sie war keine gewöhnliche Frau. Sie war intelligent, begabt und sehr hübsch. Außerdem war sie Wissenschaftlerin. „Vielleicht könnte unsere Beziehung eine perfekte Verbindung zwischen Spiritualität und Wissenschaft sein", scherzte ich. Wir hielten uns lange Zeit in den Armen. Da hörte Harold auf, Klavier zu spielen. Wir hörten abrupt auf und gingen ins Wohnzimmer, als wäre nichts geschehen.

„Was habt ihr denn da drinnen gemacht?" fragte Harold sarkastisch, „Liebe?" Zu dritt gingen wir zum Abendessen.

Es dauerte nicht lange, bis sich daraus eine richtige Affäre entwickelte, die zumindest vor Dan aber auch vor Harold und Laurie geheim gehalten werden musste. Obwohl wir uns heimlich treffen mussten, gelang es uns, viel Zeit miteinander zu verbringen. Eines Tages, als wir zusammen am Strand spazieren gingen, erzählte mir Vickie, dass sie und Dan ein Stipendium erhalten hätten, um für sechs Monate in China zu unterrichten. Sie wollten im Januar aufbrechen und zunächst noch nach Afrika reisen, um die Sonnenfinsternis im Februar 1980 zu sehen, dann aber weiter nach Indien und anschließend nach China. Sie würden acht Monate lang weg sein. Für mich war die Nachricht niederschmetternd.

Ich brachte es dann auf den Punkt: „Hör' zu, Vickie, ich möchte, dass du dich zwischen mir und Dan entscheidest. Ich möchte dich heiraten. Ich kann nicht weiter Ehebruch begehen. Ich fühle mich zu schuldig."

„Das ist kein Ehebruch", beharrte sie. „Dan und ich sind doch nicht verheiratet."

„Aber ihr lebt schon seit sieben Jahren zusammen. Wo ist da der Unterschied?" fragte ich und wurde emotional.

„Nun", meinte sie und suchte nach einem Weg, mich zu beruhigen, „wir haben eine Vereinbarung, dass es uns freisteht, auch andere zu treffen."

„Und warum dann die ganze Geheimniskrämerei?" fragte ich.

„Es würde ihn verletzen, weil ich so viel für dich empfinde", antwortete sie.

„Wie auch immer, ihr fahrt ja zusammen weg", erwiderte ich und ergab mich dem Schicksal, „wer weiß, wie ihr euch fühlt, wenn ihr zurückkommt?"

„Ich werde dich immer lieben“, versprach sie mir in aller Aufrichtigkeit.

Nach ein paar Wochen beschloss ich, zu versuchen, sie nicht mehr zu sehen. Die Situation wurde für mich zu schmerzhaft, und der Gedanke an ihre unvermeidliche Abreise zerriss mich regelrecht. Aber es stand Harolds dreißigster Geburtstag vor der Tür und er wollte eine große Party geben. Ich musste auf jeden Fall hingehen. Ich wusste, dass auch Vickie dort sein würde. Aber welche Ausrede konnte ich meinem guten Freund Harold bieten, um nicht kommen zu müssen? Er hatte keine Ahnung, was Vickie und mich betraf. Also war ich wieder einmal in einer Schicksalsfalle gefangen.

Ich blieb eine Weile auf der Party und versuchte, den Blickkontakt mit Vickie zu vermeiden. In einem passenden Augenblick schlich ich mich aus der Küchentür und wollte gerade zu meinem Auto laufen und einfach verschwinden. Aber Vickie saß schon draußen auf der Hintertreppe und wartete auf mich. Ich sagte ihr, dass ich sie nicht mehr sehen könne. Ich sagte ihr auch, dass ich mit der Tatsache, dass sie mit Dan zusammenlebte, nicht zurechtkomme und dass ich das Gefühl habe, Ehebruch zu begehen, ganz gleich, wie ihre Beziehung aussah. Sie aber weinte bitterlich. „Ich liebe dich“, war alles, was sie als Antwort auf jedes logische Argument, das ich vorbrachte, sagen konnte.

„Dann heirate mich!“, sagte ich und forderte sie heraus.

„Ich kann nicht“, schluchzte sie und wischte sich die Tränen mit dem Saum ihres Kleides ab. Sie stieg in mein Auto und ich fuhr sie nach Hause. Wir sprachen nicht viel. Ich parkte vor ihrer Wohnung. „Wenn du schon nach Indien fährst“, begann ich, „warum machst du nicht einen Stopp und besuchst Sai Baba und fragst ihn, mit wem von uns du zusammen sein sollst?“

„In Ordnung“, sagte sie.

„Aber du glaubst doch nicht wirklich an ihn, oder?“ fragte ich, überrascht, dass sie meinem Vorschlag so einfach zustimmte.

„Ich liebe ihn, weil du es tust“, erklärte sie liebevoll. „Und ich glaube an dich“, fügte sie hinzu.

Danach fühlte ich mich ein wenig besser mit der ganzen Situation. Wenigstens hatte ich die Angelegenheit jetzt in Sai Babas Hände gelegt. Es war nicht mehr lange hin, bis wir uns trennen mussten. An unserem letzten Abend saßen wir im Wohnzimmer im Obergeschoss des Sai-Baba-Centers. Draußen regnete es stark. „Wenn Sai Baba dir sagt, dass du mich heiraten sollst, wirst du das dann auch tun?" fragte ich sie.

„Ja", beteuerte sie. „Aber du wirst in der Ehe mit mir nicht glücklich sein", fügte sie hinzu. „Ich möchte mein Leben meiner Arbeit widmen. Das heißt, ich werde nicht zu Hause in der Küche stehen und das Abendessen kochen. Ich werde wahrscheinlich bis Mitternacht im Forschungslabor sein." Ich wusste nur, dass ich sie wirklich liebte. Ich dachte, wenn ich intensiv genug zu Sai Baba bete, würde er ihr sagen, dass sie mich heiraten solle. Mit dem wissenschaftlichen Aspekt würde ich mich dann erst später befassen. Es wurde Zeit, dass ich sie nach Hause fuhr. Es war schwer, sehr schwer, sich zu verabschieden. Als ich wieder im Zentrum ankam, ging ich in die Gebetshalle und setzte mich auf den Teppich vor das große Bild von Sai Baba, das ich nicht mochte. Dann ließ ich einfach alles raus und weinte bitterlich. „Du bist wirklich ein harter Kerl, Sai Baba", sprach ich zu seinem Bild, „ein wirklich harter Kerl."

Im Dezember 1979 wurde ich nach elf Vorstellungsgesprächen von der „Bechtel Corporation", dem größten Ingenieur- und Bauunternehmen der Welt, als Konstrukteur eingestellt. Aber da ich emotional so sehr mit Vickie verbunden war, wurde mir erst nach ihrem Weggang klar, dass Sai Baba gesagt hatte: „Arbeite fünf Jahre lang im Ingenieur- und Bauwesen." Die Bezahlung war gut, und zum ersten Mal seit langer Zeit hatte ich richtig Geld zum Ausgeben. Ich wohnte weiterhin im Sai-Baba-Center. Das hintere Schlafzimmer im Obergeschoss wurde frei. Auch wenn es mehr Miete bedeutete, würde ich dort viel mehr Privatsphäre haben. So blieb ich bis 1980 im Zentrum. Meine Arbeit hielt mich auf Trab und jede Woche erhielt ich lange Briefe von Vickie, in denen sie ihre Reise beschrieb. Gegen Ende März erhielt ich einen Brief von ihr, dass sie mit Dan in Puttaparthi war. Sai Baba kam beim Darshan zu Dan und materialisierte Vibhuti für ihn. Vickie versuchte mehrere Male, Sai Baba den Brief abzugeben. Aber obwohl er sie anlächelte, wollte er den Brief nicht annehmen. Er enthielt mein Bild und Dans Bild und die große Frage. Eines Abends, während der Bhajans, stand Sai Baba von seinem Stuhl auf und ging nach draußen zur Frauenseite, wo Vickie saß. Er nahm den Brief, sah sich mein Bild an, las den Brief und gab ihn ihr zurück. Er sah sie an, als sei sie wie „verschimmelt", wie sie in ihren Briefen an mich schrieb, und ging wieder weg. Von da an ignorierte er sie. Nach ein paar Tagen mussten sie dann nach China weiterreisen.

Als ich Vickies Brief mit ihrer Beschreibung der Ereignisse las, dachte ich nicht wirklich, dass es uns betraf. Ich dachte eher, dass es Sai Baba vielleicht einfach nicht gefiel, dass Vickie mit zwei Männern gleichzeitig zusammen war. Also schob ich es beiseite. Ich beschloss, zu warten, bis sie aus China zurückkam. Vielleicht wollte Sai Baba, dass sie sich selbst eine Meinung bildete. Sicherlich wird sie sich für mich entscheiden, wenn sie mich so sehr liebt, wie sie sagt, dachte ich.

Der Frühling ging in den Sommer über. Anfang August 1980 hatte ich einen Traum. Ich träumte, dass Vickie aus China zurückkam und sagte, dass sie mich nicht heiraten würde. Es war, gelinde gesagt, ein beunruhigender Traum. Es war die Art von Traum, die ich schon sehr oft hatte. Sie gingen immer in Erfüllung. So sehr ich diesen Traum auch ignorieren wollte, ich konnte es nicht. In der dritten Woche im August 1980 erhielt ich auf der Arbeit einen Anruf. Es war ihrer. Sie war bereits seit zwei Wochen zurück in San Francisco und buchstäblich gelähmt bei dem Gedanken, mich zu sehen, sagte sie. Sie war unfähig, sich zu bewegen oder auch nur zu telefonieren. Ich war so froh, dass sie zurück war, und so gespannt darauf, sie zu sehen, dass ich gar nicht mitbekam, was sie sagte. Wir trafen uns an diesem Tag zum Mittagessen im Finanzviertel, in der Nähe meines Büros. Das Erste, was ich sie fragte, war: „Willst du mich nun heiraten?"

„Ich kann nicht", antwortete sie und schaute nur auf den Tisch.

„Warum nicht, wegen Dan?"

„Nein, es hat nichts mit Dan zu tun. Es liegt an mir. Ich will einfach mit niemandem verheiratet sein". Sie fuhr fort: „Ich gehe nach Berkeley, ich will dort meinen Doktor in Astrophysik machen."

„Und was hat das mit uns zu tun?" wollte ich wissen.

„Ich hätte einfach keine Zeit für eine Ehe“, meinte sie. Ihre Augen wurden wässrig. Egal, wie sehr ich versuchte, sie zur Vernunft zu bringen, egal, wie sehr ich sie anflehte, ihr Entschluss stand fest.

„Hat denn die Art, wie Sai Baba dich ansah, etwas damit zu tun?“ fragte ich.

„Nun“, sie zögerte, „ja, das hat es. Ich hatte das starke Gefühl, dass er nicht wollte, dass jemand anderes dich bekommt. Ich habe mich an seinem Eigentum zu schaffen gemacht.“ Ich wusste nicht, ob ich mich über diese Antwort freuen oder verärgert sein sollte. Auf der einen Seite fühlte ich, na ja, Swami liebt mich. Aber andererseits hatte ich das Gefühl, dass er meine einzige Chance auf Glück ruiniert hatte. Vickie hielt meine Hand über den Tisch hinweg. „Ich liebe dich und ich möchte, dass du glücklich bist. Ich könnte nie die Art von Frau sein, die du brauchst. Du brauchst jemanden, der für dich da ist. Ich kenne dich. Ich würde die nächsten fünf Jahre bis zwölf oder ein Uhr nachts im Physiklabor sitzen. Was wäre das für ein Leben?“

Ich wusste, dass sie recht hatte, aber ich ließ mich von meinen Gefühlen leiten. Ich konnte von ihr nicht verlangen, die Wissenschaft, die ihr Leben ausmachte, aufzugeben, so wie sie mich nie bitten würde, Sai Baba aufzugeben. Also akzeptierte ich einfach, was das Schicksal für mich bereithielt. Ich hielt jeden emotionalen Ausbruch zurück. Ich würde mir meine Emotionen für später aufheben. „Und was ist mit dieser großartigen Verbindung zwischen Spiritualität und Wissenschaft?“, stichelte ich.

Sie sah mich eine Minute lang ernst an. „Es gibt nie eine wirkliche Trennung, das weißt du doch.“

In dieser Nacht saß ich in meinem Zimmer im Sai-Baba-Center, fühlte mich elend und konnte nicht schlafen. Ich wusste, dass alles, was sie beim Mittagessen gesagt hatte, wahr war, aber ich war zu sehr befangen und emotional involviert, um die Dinge klar zu sehen. Ich brauchte jemanden, dem ich die Schuld geben konnte. Ich konnte dem armen Dan ja nicht die Schuld geben. Ich wusste nicht einmal, ob er etwas von all dem wusste. Also musste es die Schuld von Sai Baba sein.

Ich dachte an all das, was seit dem Interview 1978 passiert war, als er mir sagte, ich solle eine Planetarium-Ausbildung machen. Es war alles arrangiert, alles. Je mehr ich über die Dinge nachdachte, desto wütender wurde ich. Ich schrie sein Bild auf meinem Altar an: „Du hasst mich, nicht wahr? Du bist nur glücklich, wenn ich unglücklich bin!“ Ich nahm meinen Schuh und warf ihn nach Sai Babas Foto, aber leider verfehlte ich es. Ich legte mich ins Bett und zog die Decke über mich. Ich weiß nicht, wie lange ich dort lag, aber ich konnte nicht schlafen. Ich fühlte mich, als hätte ich niemanden, niemanden auf der Welt, an den ich mich wenden könnte, am allerwenigsten an Sai Baba.

Das Licht der Straßenlaterne drang durch das Bambusrollo, das mein Fenster bedeckte, in mein Zimmer. Plötzlich hörte ich zwei Explosionen in meinem Kopf. Es war, als ob Bomben explodiert wären. Aber ich spürte keinen Schmerz oder etwas Ähnliches. Das Geräusch gab mir die Gewissheit, dass ich wach war. Ich schaute auf und sah im schwachen Licht meines Zimmers Sai Baba. Er schwebte direkt über mir. Von der Taille aufwärts war er sehr klar und lebendig. Von der Taille abwärts verschmolz seine Gestalt mit dem Halbdunkel. Ich schaute zu ihm auf und fragte: „Swami, bist du das?“

„Ja, ja“, antwortete er. „Mach‘ dir keine Sorgen, ich bin immer bei dir.“ Er reichte seine Hand nach unten, und ich die meinige nach oben. Wir hielten uns ein paar Minuten lang an den Händen, dann verschwand er.

„NEW YORK ODER KALIFORNIEN?"

Vickie und ich sahen uns bis Mitte November hin und wieder. Aber sie war mehr und mehr in ihre Schularbeit vertieft und hatte immer weniger Zeit, mich zu sehen. Ich zog aus dem Sai-Baba-Center aus und bezog meine eigene kleine Wohnung einen Block entfernt, immer noch in der Ivy Street. Sai Baba hielt im November 1980 die dritte Weltkonferenz der Sathya Sai Organisationen ab. Diesmal war ich fest entschlossen, hinzufliegen. Obwohl er mir gesagt hatte, ich solle fünf Jahre arbeiten und dann erst zurückkehren, dachte ich, es wäre in Ordnung, wenn ich zur Konferenz für drei Wochen nach Indien käme, dann aber sofort wieder zurückkehrte. Vom San Francisco Sai-Baba-Center wurde ich als Delegierter ausgewählt. Etwa eine Woche vor Beginn der Konferenz machte ich mich mit einer Gruppe von Delegierten aus der Bay-Area auf den Weg nach Indien. Ich wollte eigentlich nur eine gute Zeit haben und mit meinen Freunden zusammen sein. Es war mir egal, ob Sai Baba mit mir sprechen würde oder nicht. Ich war entschlossen, mir darüber keine Gedanken zu machen.

Die dritte Weltkonferenz von 1980 wurde zu einer wunderbaren Erfahrung. Kurz bevor ich abreiste, rief mich Richard Bayer von der Sai-Organisation an. Sie suchten verzweifelt nach zwei Freiwilligen, einem Mann und einer Frau, die bereit seien, bei der Eröffnungsprozession

„indianische“ Kostüme zu tragen. Richard sagte, dass aus jedem Land zwei Personen in traditionellen Trachten kommen sollten. Wir beschlossen beide, dass unsere Tracht die von George und Martha Washington sein sollte. Ich sagte zu Richard, dass ich es machen würde, wenn er niemanden anderen finden könne. Lila Patch, eine der Delegierten aus unserem Zentrum in San Francisco, meldete sich ebenfalls freiwillig. Nun saß ich also im Flugzeug und brachte diese beiden Kostüme nach Indien. Als ich den Kostümverleih in San Francisco aufsuchte, dachte der Verkäufer zunächst, ich würde scherzen. „Niemand mietet Kostüme für einen Zeitraum von drei Wochen“, sagte er. Aber als ich ihm erklärte, was ich vorhatte, hielt er es für eine großartige Idee. Er gab mir die Kostüme für je dreißig Dollar.

Als wir in Indien ankamen, wurden wir schon auf dem Flughafen von Bangalore von den Vertretern der Sai-Organisation empfangen. Alles war bestens arrangiert. Es gab sogar Erfrischungsstände entlang der Autobahn, die von den Devotees aufgebaut und mit Tee, Kaffee und kühlen Getränken ausgestattet worden waren, alles kostenlos. Als wir in Prashanti Nilayam ankamen, wurden wir als Delegierte registriert und zum neu errichteten Studentenwohnheim auf dem College-Campus in der Nähe des Aschrams begleitet. Es sollte unser Quartier für die Dauer der Weltkonferenz und der Geburtstagsfeierlichkeiten sein. Sai Baba beauftragte Dutzende von College-Jungen, uns von vorne bis hinten zu bedienen. Er sorgte auch für spezielles Essen und stellte einen Koch aus Bombay ein. Es gab sogar eine Espresso-Kaffeemaschine! So wurden alle ausländischen Delegierten königlich behandelt.

Am Eröffnungstag der Konferenz sollte Sai Baba kommen und das Studentenheim, in dem wir alle untergebracht waren, einweihen. Lila und ich wurden gebeten, unsere Kostüme anzuziehen und auf beiden Seiten der Tür zu warten. Sai Baba würde kommen und das Band durchschneiden. Ich erinnere mich, dass es brütend heiß war, als wir in diesem Kostüm warteten. Ich war innerlich durchnässt, als Sai Baba mit der üblichen Fanfare kam. Er schnitt das Band mit einer silbernen Schere durch. Dann schaute er mich an. „Ah, ist das ein amerikanisches Kostüm?“, fragte er und sah sehr zufrieden aus.

„Ja, Swami“, antwortete ich und freute mich über seine Aufmerksamkeit.

Dann schaute er einen Moment lang etwas unschlüssig. „Kommst du aus New York oder aus Kalifornien?“, fragte er mich.

„Zurzeit Kalifornien, Swami“, antwortete ich und hielt mein Lachen zurück. Er erlaubte Lila und mir, ihn zurück in den Innenhof zu begleiten. Dann durchquerte er den Hof und inspizierte alle Zimmer, um sich zu vergewissern, dass alles für uns auch komfortabel eingerichtet war. Ich fragte mich halb im Scherz, ob er in meinem alten Haus in Pound Ridge New York vorbeigeschaut hatte, um zu sehen, ob ich dort war, bevor er mir in meinem Zimmer im Sai-Baba-Zentrum in San Francisco erschien.

Eines Abends suchte Janet Bock im Wohnheim nach mir. Mein Name war von Sai Baba zusammen mit anderen Devotees aus anderen Ländern ausgewählt worden, um in seiner Gegenwart im Poorna-Chandra-Auditorium Bhajans auf der Bühne zu singen. Mindestens fünfundzwanzigtausend Menschen würden uns dabei zuschauen.

Am Abend der Veranstaltung befanden sich alle ausländischen Devotees, die zum Singen ausgewählt worden waren, hinter der Bühne der großen Poorna-Chandra-Halle. Plötzlich erschien Sai Baba, der den versammelten Massen gerade Darshan gegeben hatte, vor dem Vorhang. Er lächelte uns an und ging auf einige der neuen Leute zu und fragte sie: „Wie geht es Ihnen, Sir?“ und das übliche „Woher kommen Sie?“ Einer der Delegierten war ein wenig übergewichtig. Sai Baba fasste ihm an den Bauch und sagte: „Pakora“. Es war faszinierend, ihn bei solchen Gelegenheiten so völlig entspannt zu sehen. Dagegen waren wir alle wie Nervenbündel bei dem Gedanken, dort draußen vor fünfundzwanzigtausend Menschen zu singen, aber Sai Baba war wie immer ruhig und verspielt. Als ich mit dem Singen an der Reihe war, schaute ich auf diesen Ozean von Menschheit. Sai Baba schaute mich an und lächelte zustimmend. Ich schloss meine Augen und begann, den Bhajan zu singen, den ich ausgewählt hatte.

Die Politik der Organisationstreffen auf der Weltkonferenz langweilte mich zu Tode. Ich war einfach nicht dafür geschaffen, mich in einer

Organisation zu engagieren, selbst wenn es die von Sai Baba war. Ich war seit den Anfängen in Amerika 1975 dabei. Ich hatte einige Ämter im ursprünglichen Manhattan-Center inne. Dann war ich Präsident des Pound-Ridge-Centers.

Jetzt war ich Vizepräsident des Sai-Baba-Centers in San Francisco. Ich hatte das Gefühl, dass ich davon nun genug hatte, und beschloss, nach der Weltkonferenz von meinem Amt zurückzutreten, wenn ich nach San Francisco zurückkäme. Es gab auch noch andere Gründe. Auf der Weltkonferenz wurde betont, dass von den Mitgliedern des Zentrums erwartet wurde, dass sie ein vorbildliches Leben führten. Ich hatte gerade eine eigene Wohnung bekommen und wollte ausbrechen. Noch immer trauerte ich um Vickie und war mir über die Sache mit dem Planetarium nicht ganz im Klaren. Ich musste raus in die „echte Welt" und einfach versuchen, ein „normaler Mensch" zu sein – jedenfalls für eine Weile. In Wirklichkeit hieß das, dass ich von zahlreichen weltlichen Wünschen angezogen wurde. Ich bezweifelte sogar die Allgemeingültigkeit des spirituellen Weges. Ich brauchte eine Auszeit von der ständigen Gesellschaft der Sai-Devotees, um über die Dinge nachzudenken und sie zu erforschen. Ich hatte das Gefühl, dass Sai Baba mir fünf Jahre gegeben hatte, um genau das zu tun, als er sagte: „Arbeite fünf Jahre, dann komm' zurück."

Es war der Tag von Sai Babas 55. Geburtstag. Die Menge schwoll zu einer unglaublichen Masse von Menschen an. Zusammen mit einem anderen Amerikaner, Marc, machte ich mich auf den Weg zur Poorna-Chandra-Halle zur Morgenveranstaltung. Je näher wir dem riesigen Auditorium kamen, desto größer wurde die Menschenmenge. Marc fragte sich, wie wir in die Nähe des vorderen Bereichs kommen würden, der für ausländische Devotees reserviert war. Ich sagte: „Ich werde es einfach Baba überlassen. Er hat uns dorthin gebracht, wo er uns haben will." Und Marc bestätigte: „Ich bleibe bei dir." Wir bahnten uns einen Weg durch die Menge, soweit es gin, bis wir nicht mehr weiterkonnten. Uns beiden wurde ein wenig mulmig zumute, und wir hatten das Gefühl, zu Tode gequetscht zu werden.

Gerade noch rechtzeitig, und wie aus dem Nichts, ergriff der Leiter der Sathya-Sai-Seva-Dal meinen Arm. „Mr. Howard, kommen Sie mit mir.“ Ich drehte mich zu Marc um und sagte ihm, er solle sich an mir festhalten. Mitten durch die Menschenmenge wurden wir auf die Veranda des Mandirs geführt. Innerhalb weniger Minuten kam Sai Baba aus dem Interviewraum, und ich war in der Lage, ihm persönlich zum Geburtstag zu gratulieren. „Sehr glücklich“, sagte er, als er die Veranda verließ und sich in das Meer der Devotees begab, die ungeduldig darauf warteten, einen Blick auf seine göttliche Gestalt zu erhaschen.

An dem Tag, an dem ich Puttaparthi wieder verließ, um in die Staaten zurückzukehren, beobachtete ich, wie Sai Baba den morgendlichen Darshan gab. Als meine Augen ihm durch die Menge folgten, wusste ich, dass ich ihn vielleicht vier Jahre lang nicht wiedersehen würde, vielleicht auch länger. Aber dieses Mal war es nicht wirklich wichtig. Ich spürte, dass ich ihn tief in meinem Herzen immer lieben würde. Ich wusste ohne jeden Zweifel, dass ich mit ihm zutiefst verbunden war, und nichts, was er sagte oder tat, noch irgendetwas, was geschehen könnte, konnte daran etwas ändern.

LEBEN IN DER STEINER STREET

Zurück in San Francisco, vertiefte ich mich in meine Arbeit und richtete mir meine neue Wohnung ein. Im Dezember 1980 trat ich von meiner Aufgabe als Vizepräsident des Sai-Baba-Centers zurück und nahm nicht mehr an den Treffen teil. Gleich nach Weihnachten 1980 kam Don Heath aus Indien zurück. Er hatte ebenfalls seine Aufgabe in der Sai-Organisation aufgegeben und zog aus dem Sai-Baba-Center aus, das er 1973 gegründet hatte. Wir beschlossen, zusammen ein Haus zu mieten. Wir waren beide an demselben Punkt in unserem Leben, an dem wir ein wenig Spaß haben und aus der restriktiven Atmosphäre des Zentrums mit seinen Regeln und Vorschriften ausbrechen wollten. Don rief den Vermieter des Zentrums an, der noch andere Gebäude in der Stadt besaß. Er sagte, er habe ein Haus in der Steiner Street, das wir uns ansehen sollten. Es war das perfekte Haus für uns. Es hatte acht Zimmer, einen Hinterhof und einen Vorgarten. Es war ein klassisches, hundertzehn Jahre altes, zweistöckiges viktorianisches Haus, die Art von Haus in San Francisco, von der ich immer geträumt hatte.

Mir fiel ein, dass ich als Innenarchitekt ein gewisses Mitspracherecht bei der Auswahl der Farben haben sollte, mit denen ich mich in dem Haus, in dem ich leben wollte, umgab. Nachdem ich also genau überlegt hatte, welche Farben ich haben wollte, rief ich den Vermieter an. „Es ist aber bereits gestrichen“, eröffnete er mir am Telefon. Ich eilte hin, um zu sehen, welche schrecklichen Farben er ausgewählt hatte, aber zu meinem Erstaunen waren es genau die Farben, die ich mir vorgestellt hatte. Ich wusste, dass es Sai Babas Werk war, und ich dankte ihm.

Kurz bevor ich in das neue Haus in der Steiner Street einzog, erschien mir Sai Baba in einem Traum. Es war wieder einer dieser sehr lebhaften Träume, die ich schon so oft hatte, wenn der unendliche Geist mir einen Einblick in mein Schicksal geben wollte. In diesem Traum saß er auf seinem Thron, auf dem in der Bhajan-Halle in Prashanti Nilayam, nur dass er sich in einem ganz weißen, leuchtenden Raum befand, der so hell war, dass es schwer war, Boden, Wände und Decke zu unterscheiden. Als ich mich ihm näherte, versuchte ich, seine Füße zu berühren, aber er zog sie weg und machte eine Geste, die mir zu verstehen gab, dass ich mich nicht um Rituale kümmern sollte. „Jetzt gebe ich dir einen vorzeitigen Schulabschluss“, sagte er. „Siehst du, hier in diesem College ist kein Platz für dich.“ Er deutete nach oben und hinter sich. „Man behauptet, deine Laken und deine Wäsche seien zu schmutzig“, flüsterte er hinter vorgehaltener Hand. „Also gebe ich dir vorzeitig dein Abschlusszeugnis.“ Er ließ seine Hand in der Luft kreisen und materialisierte mir einen Abschlussring. Er sah fast genauso wie mein Highschool-Abschlussring aus. Als er ihn mir in die Hand gab, anstatt ihn mir an den Finger zu stecken, warnte er mich noch: „Fahre nicht nach Nepal.“

Als ich aufwachte, spürte ich den Ring noch in meiner Handfläche, aber er war nicht mehr da. Ich setzte mich im Bett auf und dachte über den Traum nach. Er hatte einmal gesagt, Puttaparthi sei wie eine Universität. „Der nächste Abschluss ist dann die Welt.“ Bedeutete das vielleicht, dass ich jetzt bereit für die Welt war? Was meinte er mit „Geh nicht nach Nepal“? Ich beschloss, dass ich, was auch immer er damit meinte, nicht nach Nepal gehen würde, niemals, ohne ihn vorher zu fragen.

Drei Jahre lang führte ich ein ziemlich glückliches Leben in der Steiner Street. Meine Arbeit war interessant und ich verdiente „eine Menge Geld“, wie man so sagt. Dank meiner Verbindungen zur

Innenarchitektur richteten wir das Haus sehr schön ein. Ich kaufte mir einen kleinen Sportwagen. Wir gaben Dinnerpartys und ab und zu auch große Partys. Zweifellos – jetzt lebte ich in der Welt. Don und ich führten ganz unterschiedliche „soziale Leben" und hatten auch unterschiedliche Tagesrhythmen. Aber mindestens einmal im Monat veranstalteten wir ein Abendessen für unsere besten Sai-Freunde. Wir saßen dann alle zusammen und sprachen bis spät in die Nacht über Sai Baba. Auf diese Weise blieben wir miteinander verbunden. Aber dann, 1984, begannen die Dinge auseinander zu fallen. Im Januar 1984 zog Don aus. Ich hatte mit einer Reihe von neuen Mitbewohnern zu kämpfen, die allesamt nicht zu mir passten. Mit viel Mühe und Sorgfalt hatte ich mir ein wunderschönes, luxuriöses Haus geschaffen, das mir sehr ans Herz gewachsen war, und ich wollte natürlich, dass auch die allgemeine Wohnsituation genau dazu passte.

Eines Morgens, Anfang September 1984, erwachte ich mit einem Schreck. Ich setzte mich im Bett auf und hatte das starke Gefühl, dass mein Job-Karma bei Bechtel vorbei war. Sai Baba hatte gesagt: „Arbeite fünf Jahre"; nun waren fast fünf Jahre vergangen. Es war ein tiefes intuitives Gefühl, das ich an diesem Septembermorgen plötzlich verspürte. Ich musste es so akzeptieren. Von diesem Tag an hatte ich in meinem Job nie wieder etwas zu tun. Ich saß jeden Tag acht Stunden lang in meinem Büro und hatte einfach nichts zu tun. Das Unternehmen machte schwere Zeiten durch und entließ eine Menge Mitarbeiter. Ich dachte mir, dass auch meine Zeit bald gekommen sei. Ich schaute mir mein Leben der letzten Jahre in San Francisco an. Es war sehr weltlich geworden. Es war weit entfernt von dem reinen spirituellen Leben der Einfachheit, das ich vor vierzehn Jahren in Puttaparthi geführt hatte. Ich hatte aufgehört, Vegetarier zu sein. Ich rauchte sogar gelegentlich und trank in Gesellschaft. Aber all das war ohnehin nur oberflächlich. Ich hatte nicht aufgegeben, ein guter Mensch zu sein. Und so hatte ich das Gefühl, dass mich Sai Baba sicher nicht zu hart für meine schlechten Gewohnheiten verurteilen würde.

Aber jetzt, wo der Job offensichtlich bald vorbei war, begann ich, meine Situation zu überdenken. Inzwischen war ich des weltlichen Lebensstils überdrüssig und sehnte mich nach etwas Einfacherem. Wenn nun die fünf Jahre vorbei waren, warum sollte ich dann weiter in

San Francisco bleiben? Ich hatte das Gefühl, das Haus in der Steiner Street würde mich erdrücken. Ich liebte es zu sehr. Ich hatte mit Leib und Seele daran gearbeitet, es schön zu machen. Mir wurde klar, dass ich vielleicht für den Rest meines Lebens darin wohnen bleiben könnte, wenn ich es wollte. Aber das Schicksal hatte etwas anderes für mich auf Lager. Nach langem Überlegen beschloss ich, zurück nach New York zu ziehen. Ich hatte das Gefühl, dass ich in New York mehr Möglichkeiten hätte, mich beruflich weiterzuentwickeln. Ich vermisste viele Dinge von Manhattan, die San Francisco einfach nicht bieten konnte. Ich fühlte mich in Kalifornien schon immer ziemlich deplatziert. Sai Babas Worte aus dem Jahre 1978 – „Warum umziehen, der Heimatort ist am besten" – verfolgten mich die ganze Zeit, in der ich dort lebte.

Nach einem fünftägigen Besuch in New York über die Thanksgiving-Feiertage 1984 beschloss ich, meine Idee, von San Francisco nach New York zu ziehen, weiterzuverfolgen. Aber zuerst wollte ich nach Indien zurückkehren und Sai Baba sehen. Er hatte gesagt: „Komm nach fünf Jahren wieder". Mein Haus aufzugeben und alles zu verkaufen, war wie gekreuzigt zu werden. Man hängt so sehr an seinen Besitztümern! Sie werden tatsächlich zu einer Erweiterung des eigenen Ichs. Ich veranstaltete eine Art Haus-Trödelmarkt, und innerhalb eines kurzen Wochenendes war alles weg. Sai Baba hat mir einfach in San Francisco den Boden unter den Füßen weggezogen. Als ich meinen Job kündigte und die Firma tatsächlich verließ, waren es auf den Tag genau fünf Jahre, die ich dort gearbeitet hatte.

Eines Abends saß ich allein in meiner nun leeren Wohnung. Die Wände waren kahl und alles, was ich nicht verkauft hatte, war in Kartons verpackt. Das Telefon klingelte. Es war Michelle aus Los Angeles. „Sitzt du gerade?", fragte sie aufgeregt.

„Ja", antwortete ich, gespannt auf die Neuigkeiten, die sie mir mitzuteilen hatte. „Swami baut das Planetarium!"

Nun, das war wohl das Letzte auf der Welt, was ich hören wollte. Da war ich nun, bereit, nach Indien zurückzukehren, wollte nichts mehr von Sai Baba, hatte endlich Frieden mit ihm. Und nun diese Nachricht. Das war, als würde man die „Büchse der Pandora" öffnen. Ich hoffte, dass das Planetarium endlich ein totes und begrabenes Thema sei. In den 1970ern hatte ich genug darunter gelitten. Ich glaube, ich ließ jetzt eine Flut von fünf Jahre lang unterdrückten Emotionen und Wut heraus. Arme Michelle, sie musste das alles ausbaden!

Nachdem ich mich wieder beruhigt hatte, meinte sie: „Ruf' doch mal Michael Goldstein an, vielleicht gibt es dort eine Stelle für dich." Ich entschuldigte mich bei Michelle für meinen Wutausbruch, und nachdem wir aufgelegt hatten, saß ich eine Zeitlang nur so da. Zuerst wollte ich meine ganze Reise nach Indien absagen. Ich dachte: „Warum zum Teufel muss ich diese ganze Reise noch einmal antreten?" Aber dann, nachdem ich darüber nachgedacht hatte, beschloss ich, Dr. Goldstein anzurufen. Er sagte mir, ja, sie suchten jemanden, der als Berater dorthin käme. Er sagte auch, dass Sai Baba ihn angewiesen hatte, sich den Betrieb eines „Spitz-512-Planetariums" anzusehen, bevor er den endgültigen Vertrag mit der Firma Spitz unterzeichnete.

„Sagten Sie gerade Spitz 512?", fragte ich verblüfft.

„Ja", antwortete Dr. Goldstein, „Swami möchte die gesamte Ausstattung für das ‚Spitz-512-Planetarium', das in Chadds Ford in Pennsylvania hergestellt wird, anschaffen."

„Aber das ist ja genau das Gerät, an dem ich in der Planetarium-Ausbildung an der ‚San Francisco State' trainiert wurde", rief ich, verblüfft von dem, was er mir gerade erzählte.

„Das ist ja ein unglaublicher Zufall", meinte Dr. Goldstein, der genau wusste, dass dies alles Sai Babas Spiel war. „Warum kommen Sie nicht an die ‚San Francisco State' und sehen sich das ‚Spitz 512' in Betrieb an? Ich könnte eine Privatvorführung mit Professor Hagar arrangieren", bot ich an und wagte mich damit aus der Deckung.

„Das ist eine großartige Idee", bestätigte Dr. Goldstein enthusiastisch.

„Ich rufe Sie in ein paar Tagen wieder an", beendete ich das Gespräch und legte den Hörer auf. „Jetzt hast du dich schon wieder verstrickt", dachte ich mir. Wieder spürte ich die Hände des Schicksals, die mich vorantrieben. Wenn ich wirklich glaubte, ich hätte einen freien Willen, so haben mich die Ereignisse meines Lebens stets eines Besseren belehrt. Einerseits war ich schon aufgeregt bei dem Gedanken, dass Sai Babas Versprechen mir gegenüber vielleicht nach all den Jahren nun wahr werden würde, andererseits war ich eher misstrauisch, mich auf irgendetwas zu verlassen, was mit ihm auf einer weltlichen Ebene zu tun hatte. Wenn Baba jedoch das Planetarium baute und mich dann nicht, wie versprochen, daran beteiligte, dann wäre ich doppelt sauer auf ihn. Ich befand mich also in der Zwickmühle zwischen dem ‚Teufel und dem tiefblauen Meer', wie man zu sagen pflegt. Eines war sicher, ich würde nicht in Frieden nach Indien zurückkehren.

Die Demonstrations-Show verlief wunderbar. Dr. Goldstein, seine Frau Gloria und der Beauftragte der Sai Organisation für das Projekt waren gekommen und sahen sich die einstündige Präsentation von Professor Hagar an. Als wir das Gebäude der Physikalischen Wissenschaften verließen, wandte sich Dr. Goldsteins Frau an mich und schlug vor: „Warum besorgst du dir nicht einen Brief von Professor Hagar, in dem steht, dass du hier am Planetarium-Institut an einem ‚Spitz 512' ausgebildet worden bist, und gibst ihn dann Baba?" Dr. Goldstein fügte hinzu: „Und bringe eine Kopie davon zu Indulal Shah. Ich werde es mit ihm am Telefon besprechen, wenn ich nächste Woche in Bombay anrufe. Er wird am siebenundzwanzigsten Dezember in Puttaparthi sein. Du kannst dich dann mit ihm treffen und sehen, was Baba sagt."

„DAS PLANETARIUM WIRD GEBAUT!"

Als ich in Puttaparthi ankam, konnte ich Sai Baba eine Kopie des Briefes von Professor Hagar überreichen. Er hat aber nicht darauf reagiert. Am siebenundzwanzigsten Dezember kam Indulal Shah an. Ich gab ihm eine Kopie des Briefes, aus dem hervorging, dass ich 1979 am Planetarium-Institut der San Francisco State University die Planetarium-Ausbildung auf dem „Spitz 512" gemacht hatte. Indulal Shah hatte bereits einen Anruf von Dr. Goldstein erhalten und wusste über mich Bescheid. Er sagte, er würde den Brief an Sai Baba weitergeben und sehen, was er zu sagen hätte.

Schon am nächsten Tag kam Sai Baba beim Darshan zu mir und fragte: „Planetarium-Ausbildung?"

Ich antwortete: „Ja, Swami."

„Ja, ja, ich werde sehen", reagierte er wie gewohnt. Inzwischen hatte ich mich an Sai Babas Art gewöhnt, und ich dachte nicht weiter darüber nach, warum er mich fragte, ob ich eine Planetarium-Ausbildung hätte. Schließlich hatte er mich überhaupt erst dazu gebracht.

Ich kam mit einer kleinen Gruppe aus Elsie Cowans Zentrum in Tustin, Kalifornien, nach Puttaparthi. Wir waren alle in Elsies Zimmern untergebracht. Beim selben Darshan, bei dem er mich über die

Ausbildung befragte, ging er rüber zur Frauenseite und rief die Frauen unserer Gruppe zu einem Interview. Als sie auf der Veranda ankamen, fragte er: „Und wo sind die anderen aus der Gruppe?" Eine der Frauen kam an den Rand der Veranda und winkte mir und den anderen Männern der Gruppe zu, nach vorne zu kommen. Als ich auf der Veranda ankam, kam Sai Baba zu mir und sagte sanft und deutete auf den Darshan-Bereich: „Du gehst zurück, ich werde dich demnächst noch sehen." Also stand ich höflich auf und ging zurück zu meinem Platz in der Darshan-Reihe. Gut zweitausend Menschen sahen zu, wie er mich von der Veranda schickte!

Nun, ich wartete schon oft auf das „nächste Mal", aber das „nächste Mal" kam nie. Meinte er den nächsten Tag, das nächste Interview, die nächste Woche, das nächste Jahr oder das nächste Leben? Zehn Tage später saß ich endlich wieder einmal in der ersten Reihe beim Darshan. Als Sai Baba vorbeikam, ging ich auf die Knie und fragte ihn: „Swami, was ist mit dem Planetarium?"

Er blieb stehen, sah mich an und sagte sehr kalt: „Es wird gerade gebaut", und ging weiter. Das war's für mich. Es war wie ein Dejavu von 1979. Ich stand vom Darshan auf und suchte den ersten Taxifahrer, den ich finden konnte. Zufällig war es Abdul, den ich schon seit Jahren kannte. Ich ging in mein Zimmer, packte meine Sachen, gab den Schlüssel im Registration-Office ab und fuhr los. Abdul wollte auf dem Basar nur noch Zigaretten kaufen. Während ich im Auto wartete, kochte ich vor Wut. „Ich bin fertig mit diesem Müll", dachte ich. Die Wut floss durch meine Adern. Ich zündete mir eine Zigarette an und paffte heftig daran. „Diesen Film habe ich schon einmal gesehen", sagte ich zu mir selbst, „und der stinkt. Also steige ich hier aus." Was mich betraf, so wollte ich nie wieder Puttaparthi oder Sai Baba sehen. Indien war ein ekelhaftes Schweineloch von einem Land und kein Geld der Welt konnte mich dazu bringen, hier zu bleiben. Ein paar Bettler umringten das Taxi, als ob sie diesen Albtraum noch verstärken wollten.

Abdul kehrte mit dem Neffen von Sai Baba zum Taxi zurück. Dieser brauchte gerade eine Mitfahrgelegenheit nach Bangalore. Natürlich musste ich ja sagen. Er erinnerte sich an mich aus den Tagen im Jahre

1970, als ich in Sai Babas Haus in Whitefield wohnte. Zögernd lud ich ihn ins Auto ein. Ich musste plötzlich so tun, als sei alles in Ordnung, so tun, als sei ich froh, ihn dabei zu haben. Während der Fahrt fiel mir auf, dass der Neffe das gleiche Haar hatte wie Sai Baba. Und auch sein Profil war ihm nicht unähnlich. Ich begann, ein wenig sanfter zu werden und zu spüren, dass vielleicht auch ich ein Teil von Sai Babas Familie war und dass er deshalb seinen Neffen geschickt hatte, um mit mir nach Bangalore zu fahren. Am Ende der Fahrt war ich wieder ein Devotee. Der Neffe erzählte mir alles über Sai Babas Programm für die nächsten Wochen. Er würde nach Bombay reisen, und dann nach Madras. Ich beschloss, nach Tirupati, Puri und Benares zu fahren und später zu versuchen, Sai Baba in Madras zu treffen. Schließlich gab es keinen wirklichen Grund, überstürzt in die Staaten zurückzukehren. Ich hatte genügend Zeit und Geld. Der Neffe lud mich in Bangalore zum Mittagessen ein und brachte mich zu seinem Freund, der ein Reisebüro betrieb. Das Reisebüro war nur zu gern bereit, alle Vorbereitungen für meine kleine Tour zu treffen. Schon am nächsten Tag ging es los.

Der Flug von Bangalore nach Tirupati dauerte nur fünfunddreißig Minuten. Tirupati liegt im Herzen von Andhra Pradesh in einem breiten Tal. Viertausend Fuß über der Stadt befindet sich der alte Tirumala-Tempel, der zwischen den „Sieben Hügeln“ erbaut wurde. Der Tempel ist wahrscheinlich das meist-besuchte religiöse Heiligtum der Welt. Er zieht an einem einzigen Tag drei- bis fünfhunderttausend Pilger an, je nachdem, wie „heilig“ das jeweilige Fest gerade ist. Vor dem Tempel gibt es ein vier Kilometer langes Labyrinth, die sogenannte „Warteschlange“. 1985 wurde ein Stadion gebaut, das rund dreihunderttausend Menschen aufnehmen kann, die in der Warteschlange stehen, bevor sie Tempel betreten können. Im Inneren des Tempels befindet sich die goldene Statue des Gottes von Tirumala, Sri Venkateswara. Die Hindus glauben, dass Lord Venkateswara, wenn man ihm Geld opfere, den eigenen Reichtum um das Hundertfache vermehre. In den Reiseführern finden sich drei verschiedene Legenden über den Ursprung des Tempels, aber alle stimmen darin überein, dass er mehr als tausend Jahre alt ist. Wenn man fünfundzwanzig Rupien aufbringen kann, darf man sich an den Anfang der Warteschlange stellen. Normalerweise dauert es dann nur noch eine Stunde, bis man ins Innere gelangt, um den Darshan von Lord Venkateswara zu erhalten.

Bei der Besichtigung von Tirupati am Fuße der Sieben Hügel war es um elf Uhr morgens schon über 38 Grad Celsius heiß. Oben auf den Hügeln angekommen, kühlte es sich aber deutlich ab. Dort gibt es eine ganze Stadt, um Tausende Pilger zu versorgen. Ich habe die fünfundzwanzig Rupien nicht gezahlt. Stattdessen entschied ich mich, durch das vier Kilometer lange Labyrinth, die „Warteschlange", zu laufen. Es war die Zeit zwischen dem 1. und 15. Januar, die von vielen Hindu-Sekten als ungünstige Reisezeit angesehen wird, so dass die Menschenmenge nicht allzu groß war. Es dauerte nur etwa zwei Stunden, bis ich den Haupttempel betreten konnte. Sobald ich durch die dicken Steinmauern trat, begann ich die Kraft zu spüren. Die Menschen drängelten und schoben sich in einem Rausch der Begeisterung voran. Man durfte nicht vor der Statue stehenbleiben, sondern musste sich an ihr vorbeidrängen, und so erwies ich ihr auf die förmliche indische Art und Weise mit einer andachtsvollen Verneigung meinen Respekt. Es waren so viele Girlanden um Lord Venkateswara herum, dass ich kaum erkennen konnte, wie er aussah. Auf jeden Fall spürte ich seine Kraft. Von dieser besonderen Statue ging so viel Energie aus, dass ich sie tatsächlich spürte. Das hat meinen Glauben an Indien und seine Spiritualität in gewissem Maße gestärkt.

Nach Tirupati fuhr ich über Bhubaneswar, die Hauptstadt des Bundesstaates Orissa im Osten Indiens, nach Puri. In Bhubaneswar besichtigte ich den kolossalen Lingaraj-Tempel. Das Schild an dem riesigen Steintor, auf dem „Nur für Hindus" stand, bemerkte ich nicht, und so ging ich unschuldig durch das Haupttor. Im Inneren des Tempels nahm ich mir Zeit, um die verschiedenen Altäre und das Allerheiligste zu besichtigen, in dem sich das uralte Shiva-Lingam befand. Während der gesamten Zeit, die ich innerhalb der Tempelmauern verbrachte, hielt mich niemand für etwas anderes als einen Inder. Erst als ich den Tempel verließ, bemerkte ich das Schild, das den Zutritt beschränkte.

Nachdem ich die Straße verlassen hatte, beschloss ich, ein Hotel zu suchen, um Tee zu trinken. Als ich im Hotel saß, wurde ich von einem jungen Inder angesprochen. „Ich habe Sie doch im Lingaraj Mandir gesehen“, sagte er auf Englisch, „aber Sie sind ein Ausländer, glaube ich“. Ich musste zugeben, dass ich kein Inder war. „Aber Sie sehen schon wie ein Inder aus“, meinte er und fand das sehr lustig. Er bestand darauf, dass ich mit ihm komme und seine Freunde treffe. Sie waren in einem kleinen Shiva-Tempel direkt außerhalb der Hauptmauer des Lingaraj Mandir versammelt. Sie fanden es auch sehr lustig, dass es mir gelang, in den gesperrten Tempel zu gelangen und mich unbemerkt zu bewegen. „Du kommst sicherlich auch in den Jagannath-Mandir in Puri rein“, versicherten sie mir. Ich kannte den Jagannath-Tempel. Er ist der größte in Orissa und Lord Jagannath geweiht. Er ist auch der am strengsten überwachte Tempel in ganz Indien. Sie sagten mir, dass es in den letzten fünfzig Jahren vielleicht nur einem einzigen Ausländer gelungen sei, durch die Tore zu gelangen. Sie waren alle sehr aufgeregt bei dem Gedanken, dass ich es vielleicht schaffen könnte, weil ich so indisch aussah. „Du verbringst einfach noch ein paar Tage am Strand von Puri, und du wirst zu 100 Prozent indisch aus-sehen“, versicherte mir einer von ihnen.

Am nächsten Tag machte ich mich auf den Weg nach Puri. Ich checkte im Z-Hotel an der Chakrathirtha, der Hauptstraße entlang des Strandes, ein. Das Z-Hotel gehörte einem jungen Inder, den ich in San Francisco kennen gelernt hatte. Wir freundeten uns damals an, und schließlich wohnte er für etwa zehn Tage im Haus in der Steiner Street. Er bestand also darauf, dass ich in seinem Hotel als sein Gast übernachte, wenn ich jemals nach Puri käme.

In der ersten Nacht im Hotel hatte ich Schwierigkeiten zu schlafen. Ich dachte an Sai Baba und die Art, wie er das sagte: „Es wird gebaut“, als ich ihn fragte: „Was ist mit dem Planetarium?“ Was ich aber eigentlich fragen wollte, war: „Was ist mit mir, werde ich dort arbeiten oder nicht?“ Aber es kam einfach nicht richtig rüber, und die Art, wie er es sagte, war wie ein Déjà-vu jenes Tages im Jahr 1979, als er sagte: „Es gibt kein Planetarium. Geh‘ zurück und arbeite dort irgendetwas.“ Meine Reaktion war wie bei jemandem, der ins Kino geht und dann, nachdem der Film begonnen hat, merkt, dass er ihn schon einmal gesehen hat: Er gefällt ihm nicht, er steht auf und geht wieder.

Ich stieg aus dem Bett und ging hinunter zum Strand. Es war eine dieser sternenklaren Nächte, wie man sie nur in den Tropen erlebt. Ich schaute hinauf zu Babas echtem Planetarium. Plötzlich traf es mich wie ein Blitz. Der Kreis hatte sich geschlossen, Baba hatte mich an diesem Tag im August 1979 herumgeschleudert als er sagte: „Es gibt kein Planetarium", bis zu dem Tag im Jahr 1985, als er sagte: „Es wird gebaut." Ich hatte eine Art karmischen Kreis vollendet. Worum es bei dem Spiel auch immer ging – ich war mir aber nicht sicher – ich hatte das Gefühl, dass ich „herumgeschleudert" wurde. Vielleicht war es eine Art erweiterter „Rasa Leela", ein Tanz des Herrn mit seinen Anhängern. Nach der „Rasa Leela"-Legende wirbelte Lord Krishna die Gopis herum und herum, als er mit ihnen im Mondlicht am Yamuna-Fluss tanzte. Er wirbelte sie regelrecht in Ekstase. Nun, das habe ich ganz sicher nicht gespürt. Das war alles eine hübsche Rationalisierung. Aber irgendwie befriedigte es mich nicht ganz. Ich hatte das Gefühl, dass ich kurz davor war, eine Art Theorie über die Art und Weise, wie Sai Baba arbeitete, zu entdecken, aber ich hatte nicht genügend Belege.

Eines Nachmittags, nachdem ich ein paar Tage am Strand verbracht hatte, mietete ich mir eine Rikscha. „Jagannath Mandir", sagte ich dem Fahrer. „Nein, nein, ausländischer Mann", erwiderte er und machte eine abweisende Geste mit der Hand. Auf dem ganzen Weg zum Platz vor dem Mandir gab der Rikscha Fahrer sein Bestes, um mir klar zu machen, dass ich nicht in den Tempel kommen würde. Aber ich überließ es einfach Sai Baba und dachte: „Dein Wille geschehe."

Als ich auf dem überfüllten Platz aus der Rikscha ausstieg, kam ein junger Brahmanen-Tempelführer auf mich zu. „Aap ko mandir dekhna hay?", fragte er auf Hindi, was so viel heißt wie: Willst du den Tempel sehen? Ich nickte auf typisch indische Art und Weise mit Ja. Ich war sehr „pukka" gekleidet, mit einer sauberen, weißen, gebügelten Kurta-Payama und mit Kokosnussöl frisierten Haaren, so dass ich für ihn wie ein Inder ausgesehen haben muss. Er fragte mich auf Hindi, woher ich käme. Ich antwortete „Kaschmir", denn ich wusste, dass die Menschen im Flachland Indiens denken, dass Menschen aus Kaschmir hellhäutiger sind. Als ich den verbotenen Tempel betrat, wurde ich nach meinem Namen gefragt. „Muralee Gupta", antwortete ich in dem wenigen

Hindi, das ich kann. Nun, die ganze Sache hat funktioniert. Ich war stolz auf mich, dass ich den Tempel betreten hatte.

Ich fand die kleine Lüge in Ordnung, weil es wirklich falsch war, den Tempel von vornherein zu sperren. Ich meine, die Idee, zu sagen „nur für Hindus" war lächerlich. Die Hindus selbst sagen, dass es dreiunddreißig Millionen Namen Gottes gebe. Wann hat das letzte Mal jemand die Liste überprüft, um zu sehen, ob die Namen von Christus, Buddha, Mohammed und Moses auf der Liste stehen oder nicht?

Im Inneren des Heiligtums herrschten das übliche Gedränge und Geschiebe, Schmutz und Chaos. Nachdem ich einen großen, stämmigen Brahmanen-Tempelwächter mit fünf Rupien bestochen hatte, konnte ich die Bambusbarrikade überwinden und den Darshan von Lord Jagannath genießen. Aber die Kraft, die ich in Tirupati verspürt hatte, spürte ich hier nicht. Ich vermutete, dass die Priester, die diesen Tempel leiteten, voreingenommen waren und der Tempel seine „Shakti" verloren hatte. Im Innern ging es sehr korrupt zu. Jeder und „sein Bruder" wollten ein Almosen. Als ich dort herauskam, hatte ich schon weit über hundert Rupien ausgegeben.

Zurück im Z-Hotel gab es einen jungen Inder, der behauptete, er sei Student. Aber ich glaube, seine eigentliche Arbeit bestand darin, von den arglosen ausländischen Gästen, die dort übernachteten, herauszuholen, was er konnte. Eines späten Nachmittags las ich in meinem Zimmer und ließ die Tür offen. Er kam herein und setzte sich auf die Kante meines Bettes. Er begann, sich im Zimmer umzusehen, um herauszufinden, ob es etwas gab, das er mir abluchsen konnte: Leider entdeckte er meine fünfzig Dollar teuren Laufschuhe. „Die sind aus den USA", sagte er mit großen Augen und aufgeregt, als er sie anprobieren wollte. Sie passten ihm perfekt. „Geben Sie sie mir bitte", flehte er verzweifelt. Ich weiß nicht, was über mich kam, aber er begann mir leid zu tun. Er war wirklich so arm. Warum sonst sollte er andere Leute um ihr Hab und Gut bringen?

„Aber das sind doch meine Laufschuhe", erwiderte ich halbherzig. Ich schaute sie an. Sie waren allerdings schon ein wenig abgenutzt.

„Du willst sie mir nicht schenken?“, fragte er und sah aus, als würde er lieber sterben, als sie auszuziehen. Da ich seinen gequälten Gesichtsausdruck nicht ertragen konnte, gab ich nach und überließ sie ihm. Er war so überglücklich, dass er mich mit in die Stadt nehmen wollte, um seine Mutter zu treffen. Also stiegen wir in eine Rikscha und fuhren zum Hauptplatz vor dem Jagannath-Tempel. „Ich wohne ganz in der Nähe des Mandirs“, sagte er. Als wir auf dem Hauptplatz ankamen, wurde es bereits dunkel. Der junge brahmanische Tempelführer erkannte mich in der Menge und kam auf mich zu, um mich zu fragen, ob ich eine weitere Besichtigung des Tempels wünsche. Mein junger indischer Begleiter war fassungslos. Er sagte dem Brahmanen, dass ich ein Ausländer sei. Der Brahmane beharrte darauf, dass ich kein Ausländer sei, sondern ein Inder. Es folgte eine hitzige Diskussion in ihrer Landessprache, aber ich verstand, worum es ging. Irgendwann wandte sich der Student an mich und sagte wütend: „Sie haben gelogen!“ Inzwischen hatte sich eine große Menschenmenge versammelt. Sie waren alle neugierig, worum es bei dem Streit ging.

Ich zog an dem Hemd meines Begleiters. „Lass uns hier verschwinden“, riet ich, da mir die Situation immer unangenehmer wurde.

„Nein, nein“, er drehte sich um und sagte: „Sie sagten, Sie seien ein Ausländer, aber Sie sind ein Inder.“ Ich schätze, er war der Meinung, dass ich, wenn ich in den Tempel käme, in Wirklichkeit ein Inder wäre, der ihn als Ausländer angelogen hatte, um ihn zu beeindrucken. Und das alles sagte er in meinen fünfzig Dollar teuren Laufschuhen! Ich wich langsam zurück, weil ich dachte, dass die Menge mich früher oder später entdecken würde, und Gott weiß, was sie dann getan hätte. Am nächsten Morgen reiste ich nach Benares weiter.

Als ich in Benares ankam, erfuhr ich zu meiner Überraschung, dass dort eine Mela (ein religiöses Pilgerfest) stattfand. Millionen von Hindu-Gläubigen versammelten sich dort, um an dem bevorstehenden glückverheißenden Tag ein Bad im heiligen Fluss zu nehmen. Mir wurde gesagt, dass es nach dem hinduistischen Kalender der verheißungsvollste Tag für ein Bad im Ganges seit einhundertsiebenunddreißig Jahren sei. Er versprach eine „garantierte Erlösung“, wenn man an diesem Tag im Fluss badete. Und in der Tat fühlte ich mich sehr glücklich.

Ich wachte um sechs Uhr morgens auf, schnappte mir mein Handtuch und ging zum Fluss, um mein Bad zu nehmen. Ich dachte mir, eine garantierte Erlösung sei doch ein guter „Deal". Selbst wenn es mit dem Planetarium nicht klappen sollte, würde ich wenigstens „erlöst" sein. Als ich durch das unglaubliche Gedränge der Menschen zum Fluss kam, war es fast zehn Uhr. Ich war froh über die Wärme der Sonne, denn der Ganges selbst war eiskalt. Es war meine siebte Pilgerreise nach Benares. Jedes Mal, wenn ich im Ganges badete, fühlte ich mich außerordentlich erfrischt und gereinigt. Tatsächlich fühlte ich mich auch buchstäblich „gereinigt". Viele Menschen denken zwar, der Ganges sei verschmutzt, aber ich hatte immer das Gefühl, dass Shiva damit umgehen kann. Jedenfalls war er nicht annähernd so verschmutzt, wie es mein Geist nach fünf Jahren in San Francisco war. Es war ein Bad und eine Läuterung, die ich dringend brauchte.

Eine Woche später war ich dann in Madras und hatte Sai Babas Darshan. An einem Tag dachte ich tatsächlich, er hätte mich angelächelt. Aber dann überlegte ich, dass er mich wahrscheinlich für jemand anderen gehalten hat. Es hieß jetzt, Sai Baba würde nach Bombay weiterreisen. Durch das angebliche Lächeln besänftigt, beschloss ich, nach Puttaparthi zu fahren und dort auf ihn zu warten. Es war immer sehr friedlich in Puttaparthi, selbst wenn er nicht anwesend war.

Und Puttaparthi war genau das: friedlich. Ich hoffte, dass Sai Baba, wenn er zurückkam, mich zu einem Interview einladen und mir mitteilen würde, ob ich einen Job im Planetarium bekäme oder nicht. Sai Baba kam in der ersten Februarwoche, ebenso wie Dr. Goldstein und Indulal Shah.

Eines Nachmittags stiegen sie zusammen in Sai Babas knallroten Mercedes und fuhren zum Planetarium. Als sie zurückkamen, suchte Dr. Goldstein nach mir. „Dein Fall wurde mit Swami besprochen", sagte er. „Swami meint, du könntest dort zur Probe arbeiten, um zu sehen, ob du dich akklimatisieren und an die Universitäts- und die Aschram-Disziplin anpassen kannst." Dann fügte er hinzu: „Hast du dich etwa schlecht benommen?"

„Warum, was genau hat Swami denn gesagt?" Ich wollte es unbedingt wissen. „Er hat nur betont, dass du dich an die Aschram-Disziplin anpassen musst, das ist alles." Das war's also. Ich hatte den Job, wenn ich ihn wollte. Aber für mich waren das alles nur Worte, und das Planetarium war nur ein Ort, an dem ich mich befand. Ich dachte mir ganz egoistisch: „Wenn es tatsächlich gebaut wird, dann werde ich es mir überlegen."

Am nächsten Tag hatte ich meinen Brief, den ich Sai Baba beim Darshan geben wollte, fertig. Darin schrieb ich, dass ich mich geehrt fühlen würde, im Planetarium, wenn es fertig ist, zu arbeiten. Aber in der Zwischenzeit hielt ich es für das Beste, nach New York zurückzukehren und meine Karriere als Innenarchitekt fortzusetzen. Ich bat ihn um seinen Segen. Er kam zu mir herüber und pflückte meinen Brief aus einem Meer von ausgestreckten Händen und Briefen. Noch am selben Tag reiste ich nach Bangalore. Am Abend erwischte ich den Flug nach Bombay. Von dort aus flog ich erst einmal nach Rom.

Im Flugzeug begann ich zu überlegen, ob nicht alles vielleicht eine große Lüge sei. Vielleicht war Swami gar nicht Gott. „Aber warum sollte er dann all das tun?" fragte ich mich. Es geht ihm sicher nicht ums Geld. Er ist auch nicht auf Publicity aus, und hatte auch keine neunzig Rolls Royces wie der Guru in Oregon. Er hat wirklich so vielen Menschen geholfen. Warum fühlte ich mich von ihm so bestraft und abgelehnt? Ich erkannte, dass es mein Ego war, das ums Überleben kämpfte. Sai Baba hatte mein Ego systematisch in eine Ecke gedrängt, wo es keine „Realität" mehr hatte, an der es sich festhalten konnte. Es konnte sich nicht an Logik und Vernunft festhalten, musste aber alle spirituellen Erfahrungen und die Offenbarungen von Sai Babas Allwissenheit anerkennen. Mein Ego klammerte sich noch an so alte *Samskaras* (Muster) wie Würde, Stolz und Selbstgenügsamkeit. Das Ergebnis war ein Kampf zwischen dem Ego-Verstand und meinem Herzen. Mein Herz wollte ihn einfach nur lieben, aber mein Ego-Verstand sagte: „Hey, du hast mich wirklich arg herumgeschubst, und ich will es nicht weiter ertragen." Dann erinnerte ich mich daran, was er mir einmal gesagt hatte: „Nur die Liebe ist wichtig." Die Realität war also, dass ich ihn aus irgendeinem seltsamen Grund immer noch liebte und immer noch das Gefühl hatte, dass er mich liebte. Und das war es, was für mich wichtig war, trotz des ganzen Planetarium-Trips.

In Rom wohnte ich in einer kleinen Pension in der Via Crezenzio, nur zehn Gehminuten vom Vatikan entfernt. Jeden Morgen um acht Uhr ging ich in den Petersdom, in die kleine, aber verzierte Kapelle rechts vom Haupteingang, gleich hinter der Pieta-Statue, die Maria mit dem Leichnam des gekreuzigten Christus' auf dem Schoß darstellt. Vielleicht sollte ich ja ein Verehrer von Christus werden. Dann überlegte ich: „Nein, das wäre ja noch verwirrender als Sai Baba." Schließlich wurde Jesus direkt vor den Augen seiner Anhänger gekreuzigt, nachdem er sie drei Jahre lang von seiner Göttlichkeit überzeugt hatte. Das war eine Glaubensprüfung! Sai Baba schien seine Anhänger stattdessen zumindest langsam zu kreuzigen. Das machte Sinn, wenn man glaubte, er sei der Vater, der Christus gesandt hat, wie er es oft behauptete. Letztlich ist es das Ego, das am Kreuz sterben muss. Ob der Körper nach dem Tod des Ichs bleibt oder geht, ist unwesentlich.

Dann dachte ich an meine arme jüdische Mutter. Sie konnte immer nur hoffen, dass der Guru-Trip etwas war, worüber ich eines Tages hinwegkommen würde, aber Jesus, das würde sie niemals akzeptieren! Wie auch immer, mir wurde klar, dass ich nie wirklich wissen konnte, wer Sai Baba ist. Aber ich war sicher, dass er wusste, wer er war, und das reichte mir. War es nicht der Zweck all dieser spirituellen Bemühungen, die eigene wahre Realität zu erkennen? Nun, so dachte ich, wenn er mit diesem Wissen geboren wurde, dann war das alles, was ich wissen musste, um ihm zu folgen. Wenn er mein Ego gekreuzigt hat, damit ich mein eigenes wahres Selbst erkenne, dann war es vielleicht wert, auf diesem Pfad zu bleiben, egal wie schmerzhaft oder schwierig er war. Wenn mich Leute fragten, ob ich glaubte, dass Sai Baba Gott sei, antwortete ich, dass ich glaube, dass alle Götter sind, und deshalb ist er es auch. Der Hauptunterschied ist nur der, dass er weiß, dass er Gott ist, so sicher wie wir wissen, dass wir gewöhnliche, individuelle Menschen sind.

Ich liebte Jesus, aber ich konnte zu diesem späten Zeitpunkt einfach nicht mehr umschalten. Ich wusste, dass Jesus es verstehen würde. Ich schaute mir die Pracht von St. Peters an. „Junge, du hattest wirklich ein paar reiche Verehrer", dachte ich. Am Nachmittag saß ich auf der Spanischen Treppe und beobachtete die Menschen, die vorbeikamen. Ich dachte immer wieder an Sai Baba und fragte mich, ob es richtig gewesen war, so abrupt zu gehen. „Nun ja", seufzte ich, „in ein paar Tagen bin ich in New York City und muss mir einen neuen Job suchen." Der Gedanke daran ließ mich allerdings erschaudern.

An einem wunderschönen Tag kam ich bei milden 21 Grad Celsius wieder in New York an, das war Ende Februar 1985. Der erste Gedanke, den ich bei meiner Ankunft in Manhattan hatte, war: „Ich glaube, ich habe einen großen Fehler gemacht." Aber ich erinnerte mich daran, dass der Ego-Geist nicht der eigentliche Urheber von all dem war. Von Anfang an lief alles schief, und doch war ich in der Hauptstadt der Welt. Ich beschloss, dass ich nach sechs Jahren in der Scheinwelt von San Francisco Zeit brauchte, um mich anzupassen. Je länger ich dort gelebt hatte, desto mehr war mir San Francisco wie eine größere Version von Disneyland vorgekommen: alles Fassade, aber innen hohl und leer. Zumindest hatte ich mich dort so gefühlt. Jetzt war ich zurück in meinem „Heimatdorf", wie ich New York gerne nannte. Ich war wieder in der Realität, die ein Freund als „Schrauben und Muttern" (engl. nuts and bolts) bezeichnete. Zumindest in New York, so dachte ich, versuchen die Menschen, etwas aus ihrem Leben zu machen. In San Francisco schienen so viele Menschen, die ich traf, ihr Leben zu leben, als wären sie im Urlaub, ohne wirkliche Verpflichtungen.

Es brauchte zwei Monate, aber schließlich fand ich einen Job in einem kleinen Architekturbüro in Manhattan. Der einzige Nachteil an der Stelle war der Chef. Ich hatte noch nie einen so launischen, egozentrischen Mann getroffen, der so wenig Liebe für seine Mitmenschen übrighatte. Ratten und Kakerlaken hatten definitiv ein höher entwickeltes soziales Gewissen als er. Im ersten Monat, in dem ich dort war, feuerte er sechs Leute. Seine übliche Ausrede war, dass sie „ineffektiv" waren. Der Rest von uns arbeitete nervös, weil wir dachten, wir könnten die nächsten sein.

Meine Wohnsituation war auch nicht gerade das, was ich mir erhofft hatte. Ich mietete ein Zimmer in einer großen Wohnung am Riverside Drive und der 82. Straße. Obwohl das Zimmer geräumig war,

war es den ganzen Tag über sehr dunkel, weil es kein direktes Sonnenlicht bekam. Jeden Tag hatte ich auf der Arbeit ein brennendes Gefühl in mir, dass ich mindestens bis November dort ausharren müsse. Bis dahin sollte das Planetarium gebaut sein. Mein langfristiger Plan war, nach Indien zu gehen, mich in die Darshan-Reihen zu setzen und abzuwarten, ob Sai Baba mir dort eine Stelle anbieten würde.

Nach zwei Monaten, in denen ich für meinen neuen Chef, „den Dämon", wie ich ihn zu nennen begann, gearbeitet hatte, erschien mir alles, selbst das Leben in Indien, besser. Ende Juni 1985 hatte ich genug, genug von dem Job, genug von der dunklen Wohnung und genug von New York. Ich fand, dass New York bestenfalls eine größere Version von San Francisco geworden war, jedenfalls für mich. Es gab nur zehnmal mehr materialistische Menschen, die verzweifelt versuchten, sich ihre Wünsche zu erfüllen. Eines Nachts saß ich also auf dem Bett und betete zu Sai Baba: „Hol' mich aus diesem Film 'raus. Ich mag das Drehbuch nicht, und ich mag die Rolle nicht." Drei Tage später wurde ich aus meinem Job gefeuert. Ich war so froh, als ich gefeuert wurde, denn ich wusste, dass Sai Baba meine Gebete erhört hatte. Ich schrieb ihm einen langen Brief, in dem ich beschloss, dass die Arbeit im Planetarium der beste Dienst wäre, den ich tun könnte, und dass ich die Stelle annehmen würde, wenn sie noch angeboten würde. Ich schrieb auch an Dr. Goldstein.

Kurz danach hatte ich einen seltsamen Traum: Sai Baba erschien mir und sagte, dass er mich in eine Raumfähre schicken würde. Er setzte sich an eine typische Schulbank, nahm einen Stift in die Hand, schaute zu mir auf und sagte: „Ich schreibe persönlich an die amerikanische Regierung und bitte um Erlaubnis."

Am fünften Juli packte ich alles in mein Auto und fuhr nach Helena, Montana, um India und ihre Schwester zu besuchen und den Rest des Sommers dort zu bleiben. Mitte August erhielt ich einen Telefonanruf von Michelle. „Dr. Goldstein versucht, dich zu erreichen", sagte sie. „Es gibt wunderbare Neuigkeiten. Rufe ihn sofort an."

Dr. Goldstein teilte mir in seiner geschäftsmäßigen Art mit, dass ich ausgewählt worden sei, als Berater für das neue „Sri Sathya Sai Space-Theatre" nach Puttaparthi zu kommen, das an Sai Babas sechzigstem

Geburtstag eröffnet werden sollte. „Alle deine Ausgaben während des Aufenthalts werden übernommen", fügte er hinzu. Er versicherte mir, dass er mit Indulal Shah gesprochen habe und alles arrangiert worden sei. Ich würde eine Unterkunft und ein Gehalt bekommen. Alles, was ich tun musste, war, zwei Wochen vor Swamis sechzigsten Geburtstag dort aufzutauchen. Als ich den Hörer auflegte, blieb ich noch eine Weile sitzen. Ich wollte das warme Gefühl des Glücks genießen, das mich erfüllte. Es war schwer zu glauben, dass nach sieben Jahren alles, was Sai Baba 1978 zu mir gesagt hatte, endlich wahr wurde. So dachte ich.

Ich traf Vorkehrungen, um an die San Francisco State University zurückzukehren und im Planetarium zu üben, wo ich meine ursprüngliche Ausbildung absolviert hatte. Vickie war dort als Physiklehrerin tätig. Es war ein schönes, sehr angenehmes Wiedersehen. Sie freute sich aufrichtig für mich, dass sich meinen Traum nach so langer Zeit endlich verwirklichte. Wir aßen zu Mittag und zu Abend und plauderten über alte Zeiten. Nach einem Monat in San Francisco ging es weiter zur Firma Spitz in Chadds Ford, Pennsylvania, um einen viertägigen Crashkurs in ihrem neuen Automatisierungssystem zu absolvieren, das jetzt Teil des 512-Planetarium-Pakets ist. Das „World Council" hatte das komplette Set an Projektoren bestellt, die alle von Sai Baba genehmigt worden waren. Das Planetarium hatte eine fünfzig Fuß hohe Kuppel über einem Theatersaal mit Stuhlreihen wie in einem Kino. Die große Frage, die mir viele Leute stellten, war die, warum Sai Baba überhaupt ein Planetarium bauen wollte.

Ich dachte an das, was Vickie einmal zu mir sagte. Sie beschrieb ihre spirituelle Reise als einen Prozess der Verschmelzung mit der großen Einheit des Universums durch das Studium der Astronomie und Physik. Auch ich versuchte jetzt, das Planetarium-Projekt als ein Labor zur Erweiterung des Bewusstseins zu verstehen. In einem Planetarium bekommen die Studenten oder das Publikum einen Eindruck davon, was draußen im Weltraum vor sich geht. Indem es uns ermöglicht, uns die Erde als kleines, verletzliches Raumschiff vorzustellen, trägt das Planetarium dazu bei, die Art und Weise, wie wir über uns selbst und unsere Beziehung zu unserem Planeten denken, neu zu gestalten. Wenn das Planetarium also den Studenten hilft, die Ordnung und Vollkommenheit des Universums zu erkennen und sich vor der Kraft, die es bewegt, in Demut zu üben, dann dient es einem höheren Zweck. Ich hatte schon immer das Gefühl, dass das ganze Sathya Sai Erziehungssystem als Modell für künftige Generationen angelegt war. Ich fragte mich, ob es jemals von Tausenden von Studenten besucht werden würde. Sai Baba selbst sagte ja immer, er wolle Qualität, nicht Quantität.

Am dritten November 1983 war ich zum zwölften Mal auf dem Weg nach Indien. Ich ließ mich auf dem langen Air India-Flug nach Bombay in den Sitz zurückfallen, wie ich es in der Vergangenheit so oft schon getan hatte. Ich dachte über all das nach, was ich bis jetzt erlebt hatte. Es schien mir alles viel zu kompliziert. Ich fragte mich, ob das so wirklich notwendig war. Nun, dafür war es jetzt zu spät. Sai Baba hatte mich eines gelehrt: Das Drama muss sich entfalten und die Rollen müssen gespielt werden. Jetzt, nach sieben Jahren, war ich wieder auf dem Weg nach Indien, um im Planetarium zu arbeiten, von dem er mir schon 1978 erzählt hatte. Dennoch war alles schwierig, so richtig schwierig. Würde ich es schaffen, mich wieder an Indien zu gewöhnen?

Einst – und das schien lange her zu sein – liebte ich es doch so sehr. Ich fühlte in den tiefsten Tiefen meines Herzens, dass ich zur Mutter der Menschheit, zur Mutter Indien, nach Hause gekommen war. Und dann traf ich Sai Baba. Ich liebte ihn von ganzem Herzen. Ich versuchte, ihm mein Leben zu widmen. Ich litt unter dem Schmerz der Trennung von seiner Gestalt. Jetzt schien das alles so weit weg zu sein; in ferner Vergangenheit. Nach 1979, als er das Planetarium verwarf, veränderte sich etwas in mir. Zunächst empfand ich ein tiefes Gefühl der Frustration. Wozu all die Mühe, wenn ich doch nur am Ende wie ein Straßenköter getreten werde? Damals, 1979, hatte ich das Gefühl, dass ich nach neun Jahren Loyalität eine bessere Behandlung verdient hätte. Vielleicht war das zu viel Ego und nicht genügend Hingabe. Wollte Gott wirklich, dass ich für ihn blute? Ich dachte an Jesus. Ich hatte meine Antwort auf diese Frage. Ich hoffte, dass Jesus genug für uns alle geblutet hatte, denn ich war ganz sicher nicht bereit, mich an ein Kreuz nageln zu lassen. Ich war viel zu sehr damit beschäftigt, ich selbst zu sein, oder zumindest der zu sein, für den ich mich hielt.

Aber als ich dann in die Welt zurückkehrte und dachte, ich könnte meinem geistigen Chaos entkommen, fand ich sie hohl und leer. Ich befand mich also zwischen zwei Extremen. Ich wollte weder das weltliche Leben, noch wollte ich Gott. Ich musste zumindest entscheiden, ob ich noch an Sai Baba glauben und mich an ihn halten sollte.

Trotz allem glaubte ich immer noch, dass er die Inkarnation Gottes ist. Zu diesem Zeitpunkt beruhte das ausschließlich auf meinem Bauchgefühl. Es gab keinen logischen Grund dafür. Ich wusste einfach in meinem Herzen, wer er war. Was hatte schon die Logik damit zu tun? Es war mir völlig egal, ob ich es jemandem beweisen konnte. Es war mir auch egal, ob jemand anderes es glaubte. Ich wusste es, und das war alles, was ich wissen musste. Ich glaube, wenn ich überhaupt etwas dabei gelernt habe, dann das, dass man sich dem Willen Gottes unterwerfen und sein karmisches Schicksal ausleben muss.

Ich wollte zurück nach Indien, ja, aber ich musste die Realität akzeptieren, dass es mir egal war, ob das Planetarium funktionierte oder nicht. Oh, ich würde natürlich alles daransetzen, dass es klappt. Ich wollte dort die bestmögliche Arbeit leisten, die ich tun konnte. Ich wollte versuchen, mich anzupassen, egal, welche Opfer es kostete. Obwohl ich glücklich war, war ich nur glücklich, weil Sai Babas Worte, seine Worte, wahr wurden. Und das war damals so wichtig für mich. Vielleicht war ich in all den Jahren zu naiv gewesen. Ich glaubte, dass seine Worte früher oder später wahr werden mussten, nur weil er sie sprach. Sein Name war schließlich Sathya („Wahrheit"). Jetzt gab es noch eine Sache, die er mir versprochen hatte: ein Empfehlungsschreiben für mein Visum.

Vom vielen Nachdenken wurden meine Augenlider schwer. Als ich in den dringend benötigten Schlaf abdriftete, dachte ich: „Eines Tages werde ich mich über all das nicht mehr aufregen. Vielleicht sogar bald. Ich kann es fast schon spüren, ich werde Frieden haben, echten Frieden."

ALS BERATER IM PLANETARIUM

Als ich in Puttaparthi ankam, war die Menschenmenge, die zur Weltkonferenz und zum sechzigsten Geburtstag angereist war, schon sehr groß. Im Accomodation-Office wusste man weder von mir noch von meinem Auftrag, noch war für mich ein Zimmer reserviert worden. Sie mussten schon die meisten ausländischen Devotees in großen Hallen unterbringen. Ich behielt einen kühlen Kopf und ging zu Herrn Kutumba Rao. Ich weiß nicht, ob er etwas über meine Situation wusste, aber er glaubte mir meine Geschichte. Ich wollte ihm sogar das Empfehlungsschreiben der Firma Spitz zu zeigen, aber er sagte, das sei nicht nötig. Er wies mir ein eigenes Zimmer zu, vorübergehend im Block West 3, Ebene C. Es hatte einen Ventilator und war sauber. In Anbetracht der beengten Verhältnisse war das natürlich ein Luxus. So hatte ich gleich einen guten Start.

Bevor ich die Firma Spitz in Pennsylvania verließ, erhielt ich ein formelles Empfehlungsschreiben für Dr. Prasad, den designierten Direktor des Planetariums. Nachdem ich also geduscht und mich frisch angezogen hatte, machte ich mich auf den Weg zum Planetarium, um zu sehen, ob ich ihn dort finden könne. Im Aschram herrschte ein reges Treiben. Überall, wohin ich auch sah, arbeiteten Devotees, bauten Gerüste auf, kehrten Wege oder hoben Gräben aus. Um drei Uhr nachmittags kam ich zum Planetarium. Ich behielt die Zeit im Auge, denn ich wollte zurück zum Darshan-Platz, um Sai Baba zu sehen.

Aber was für ein Schock, als ich am Planetarium ankam und feststellen musste, dass es noch lange nicht fertig war! Und es sollte doch am 22. November eröffnet werden! Die Innenkuppel, auf die die Sterne projiziert werden sollten, war noch nicht einmal aufgebaut.

Ich traf auf Dr. Prasad. Er erwartete mich bereits. Er freute sich, mich zu sehen, und begrüßte mich sehr warm und freundlich. Dann traf ich auch Dr. Rao. Er war vom „World Council" beauftragt worden, das Projekt zu beaufsichtigen. Er stellte mich Charles und Glen vor, den beiden Männern der Firma Spitz, die mit der Installation der Projektoren beauftragt waren. Dr. Rao war zuversichtlich, dass man die Kuppel bis zum zweiundzwanzigsten November installiert haben würde – auch wenn die beiden Spitz-Vertreter meinten, dass das unmöglich sei. Dr. Prasad warf ein: „Wer sind wir schon? Das ist alles Sai Babas Wille." Ich neigte dazu, Dr. Prasad zuzustimmen, denn ich wusste, wenn Sai Baba wollte, dass es eine Eröffnungsshow gab, würde sie auch stattfinden.

Als ich eine Stunde später zum Darshan zurückkehrte, blieb Sai Baba vor mir stehen und fragte: „Wann bist du angekommen?"

„Heute", erwiderte ich und freute mich über die Aufmerksamkeit. Er ging weiter, nahm weiterhin Briefe entgegen, segnete und begrüßte die Menschen. So war ich am ersten Tag voller Hoffnung, dass die Dinge auch gut laufen würden. Die Zeit verging. Jeden Tag ging ich nach dem Darshan zur Baustelle. Die Menschen, die zur Weltkonferenz und zur Feier des sechzigsten Geburtstages kamen, schwollen zu einer unglaublichen Masse an. Überall lag Staub in der Luft. Die Menschen mussten mit Taschentüchern vor dem Gesicht herumlaufen.

Im Planetarium gingen die Arbeiten an der Innenkuppel weiter voran. Studenten der Universität und Devotees halfen bei der Installation. Am einundzwanzigsten November kam Sai Baba zu einer Besichtigung ins Planetarium. Ich stand gerade auf der Treppe, als er durch den Haupteingang kam. Fast erwartete ich, dass er beim Vorbeigehen sagen würde: „Was macht denn dieser Mann hier?" Stattdessen aber schaute er mich an, als gehörte ich zur Umgebung. Vor der Tür des Innenraums blieb Sai Baba stehen und schaute hinein. „Wo sind die Stühle?", fragte er auf Englisch. Es war bezeichnend, dass er Englisch sprach, denn alle anderen um uns herum außer mir sprachen Telugu. Dr. Rao versicherte ihm auf Englisch, dass sie noch in dieser Nacht aufgestellt werden würden. Soweit ich das beurteilen konnte, würde die Eröffnungszeremonie am zweiundzwanzigsten November um zehn Uhr morgens stattfinden. Die ganze Nacht hindurch wurde daran gearbeitet, das Planetarium so herzurichten, dass die Vorführung stattfinden konnte. Samt-Stoffe wurde herbeigeschafft und über unfertige Wände gehängt. Sie dienten auch als Türen zum Theater und zum Verdunkeln des Lichts. Am nächsten Morgen war alles fertig. Es war wirklich ein Wunder, das Sai Baba vollbracht hatte. Nur weil seine Devotees ihn so sehr lieben, waren sie bereit, so übermenschlich schnell zu arbeiten, um das Space-Theatre für die erste Aufführung vorzubereiten.

Ich saß in der Lobby und baute ein maßstabsgetreues Modell des amerikanischen Space-Shuttles aus einem dieser Plastikbausätze, die jemand dem Planetarium gespendet hatte. Ich fragte mich, ob das, was ich tat, vielleicht irgendeinen Bezug zu dem Traum im letzten Juni hatte, in dem Sai Baba mir sagte, er schicke mich zum Space-Shuttle. Dr. Reed, der bei Spitz für den Fernen Osten zuständig war, kam aus Pennsylvania, um die Eröffnungsshow durchzuführen.

Am Morgen der Eröffnung stand ich an der Seite von Dr. Reed hinter der Steuerkonsole. Es sollte bekannt gegeben werden, dass ich für mindestens ein Jahr als Berater der Firma Spitz dort tätig sein würde. Außerdem wurde ich in einen speziellen „Planetarium-Beirat" berufen. Als alle Gäste Platz genommen hatten, wurde es still in der Menge. In seiner wie immer strahlenden Erscheinung betrat Sai Baba den Saal. Er lächelte und grüßte einzelne Personen, während er langsam und anmutig durch den vorderen Teil des Theaters zum Seitengang ging, der zum Pult führte, an dem Dr. Reed und ich standen. Als er uns ansah, sagte er: „Oh, Oh, sehr glücklich." Der Plan war, dass Sai Baba das Planetarium einweihen sollte, indem er den Schalter für die Hydraulik nach oben drückte, wodurch sich der Sternenprojektor aus seinem

Gehäuse in die Projektionsposition heben würde. Er schaute abwartend auf die Konsole. Ich stand direkt neben ihm, ganz nah.

Dr. Reed bat: „Swami, wir bitten dich, heute das Planetarium einzuweihen, indem du den Sternenprojektor in Position bringst."

Sai Baba schaute auf die Konsole mit ihren vielen Schaltern und Lichtern. „Und wo?", fragte er unschuldig. Dr. Reed zeigte ihm den richtigen Schalter. Er zog ihn nach unten. Ich flüsterte ihm zu: „Nein Swami, nach oben." Beim zweiten Mal klappte es. Als der Projektor sich aufrichtete, sagte Dr. Reed: „Schau, der Projektor kommt aus seinem Gehäuse." Sai Baba konnte nicht über das Pult zu sehen. „Ich kann es nicht sehen, ich bin sehr klein", sagte er so süß. Das Publikum lachte. Dieser Moment offenbarte das Rätselhafte an Sai Baba: Hier stand dieser Mann mit einer solch erstaunlichen Kraft. Er war in der Lage, Hunderttausende Menschen anzuziehen, um seinen Geburtstag zu feiern, und dennoch war er in gewissem Sinne überhaupt nicht da, jedenfalls nicht als Ego-Präsenz – sondern als göttliche Präsenz!

Ich hatte die Gelegenheit, ihn zu seinem Sessel, der sich links vom Pult befand, und dem wir gegenübersaßen, zu begleiten. Die Show verlief reibungslos, auch wenn noch nicht alle Kameras angeschlossen waren. Es war wirklich sehr beeindruckend – vor allem wenn man bedenkt, dass wir uns in Puttaparthi befanden, das vor fünfzehn Jahren noch ein verschlafenes kleines indisches Dorf war.

Als die Show vorbei war und die Lichter wieder angingen, stand Sai Baba von seinem Stuhl auf, drehte sich um und ging die beiden Stufen zum Pult hinauf. Von dort kam er dann auf mich zu. Aber der Gang endete im hinteren Teil des Theaters, wo die Stuhlreihen auf die Wand trafen. Er blieb stehen und zögerte einen Moment. „Das ist kein guter Weg, Swami", sagte ich.

„Wie bitte?" Er drehte sich um und sah mich an. Ich wiederholte es etwas langsamer. Dann kam er zu mir herüber. Ich streckte meine Hand aus, um ihm zu helfen. Er nahm sie und ich führte ihn hinter die Konsole und die geschwungene Treppe hinunter zum Ausgang. Für einige Augenblicke erinnerte er mich an Artemis. Vielleicht war es die Art, wie ich ihn begleitete. Ich begleitete Artemis auf dieselbe Weise durch den

Gang bei den New Yorker Treffen. Die Art und Weise, wie er sich verhielt, als er nicht wusste, in welche Richtung er gehen sollte, erinnerte mich an sie. Es war ein flüchtiges Bild, aber es blieb mir eine Weile im Gedächtnis. Gleichzeitig war ich hocherfreut, ihn berührt zu haben.

Den Rest der Geburtstagsfeierlichkeiten verbrachte ich damit, mit den Menschenmassen klarzukommen, Staub einzuatmen und Krankheiten abzuwehren. Sai Baba versorgte acht Tage lang alle Besucher kostenlos. Er verschenkte zehntausend Saris an die Frauen. Er schenkte den Brahmanen Kühe. Er baute und verschenkte mehr als sechzig Häuser an die Armen. Seine Organisation adoptierte sechstausend Dörfer, und in einer großen Zeremonie gab er all das Geld zurück, das in den verschiedenen Bundesstaaten Indiens zu seinem Geburtstag gesammelt worden war. Fast alle meine alten Freunde, die ich im Laufe der Jahre gewonnen hatte, waren ebenfalls anwesend. In dieser Hinsicht war es wie ein großes Familientreffen. Es war eine aufregende Zeit, aber auch eine anstrengende Zeit. Das Planetarium blieb geschlossen, bis die Bauarbeiten beendet waren. Mir wurde gesagt, dass es erst im Januar wieder eröffnet werden sollte.

Ich hatte nun die Erlaubnis, auf der Veranda des Mandirs zu sitzen und nicht mehr im Darshan-Bereich für die allgemeine Öffentlichkeit. Aber Sai Baba sprach nicht zu mir. Er erlaubte mir, „nah" zu sein, aber er bewahrte Schweigen zwischen uns. Ich wollte so gerne mit ihm sprechen, aber ich konnte ja warten. Ich musste warten. Er lässt einem wirklich keine andere Wahl. So saß ich jeden Tag auf der Veranda und beobachtete ihn. „Zwar hat er seine Programmroutine nicht geändert", überlegte ich, „aber sein Publikum ist viel größer geworden."

Obwohl meine Unterbringung und mein Gehalt während der Weltkonferenz und Geburtstagsfeierlichkeiten besprochen worden waren, wurde aber nichts auch verwirklicht. Man hatte mir versprochen, dass alle meine Kosten übernommen, man mir ein Zimmer zuweisen, und mir bei Bedarf ein Rückflugticket zur Verfügung stellen würde. Es wurde auch ein Gehalt vereinbart. Aber alle Mitglieder des World Councils reisten ab, ohne irgendetwas zu unternehmen, ohne irgendetwas davon umzusetzen. So blieb es mir überlassen, mir ein eigenes Zimmer zu suchen und das wenige Geld, das ich noch hatte, aufzubrauchen.

Ich vereinbarte mit Freunden aus Oregon, dass ich in dem ihnen zugewiesenen Zimmer in einem der neuen Rundbauten wohnen konnte. Sie sagten, dass sie wahrscheinlich frühestens in fünf Jahren zurückkommen würden, so dass es für mich keine unmittelbaren Probleme gebe, umzuziehen, wenn sie kämen. Ich informierte das Accomodation-Office, und man war mit der Regelung einverstanden. Jetzt hatte ich also eine schöne neue Wohnung für mich allein.

Eines Nachmittags saß ich in meiner neuen Wohnung und dachte über den Eröffnungstag im Planetarium nach und wie Sai Baba mich an Artemis erinnert hatte. Mir wurde klar, dass Artemis meine ideale Mutterfigur gewesen war. Durch sie war ich in der Lage, meine Mutter als Gott zu verehren, aber auch Sai Baba, meine wirkliche Mutter. Der Unterschied war nur, dass ich, wenn ich Sai als meine Mutter sah, Gott als Mutter verehrte. In dem Moment, als er meine Hand nahm und sich von mir hinter das Steuerpult im Planetarium führen ließ, gab es einen Funken des Erkennens in mir, weil ich so viel Zeit mit beiden verbracht hatte. In diesem Moment war er Artemis und Artemis war er – alles war dasselbe.

In der zweiten Dezemberwoche reiste Sai Baba nach Whitefield, aber ich war noch nicht bereit für Whitefield. Ich wollte in Puttaparthi bleiben und meine neue kleine Wohnung genießen. Ich wollte herumlaufen und mir den Mandir ansehen. Es war das Haus Gottes, das vom Himmel herabgeschwebt und auf einem weichen Sandplatz gelandet zu sein schien. Ich wollte die umliegende Landschaft erkunden und den hohen Berg besteigen, der das Tal des Chitravati-Flusses überragte. Aber ich befand mich in einem Energievakuum, das gewöhnlich entsteht, wenn Sai Baba Prashanti Nilayam verlassen hat, und so zog es mich schließlich doch nach Whitefield.

In Whitefield gab es jetzt ein neues lotosförmiges Haus für Sai Baba, das anstelle des alten Bungalows im Art-Déco-Stil gebaut worden war. Das Lotos-Haus war wunderschön. Es lag auf einer breiten grünen Rasenfläche, umgeben von einem geschwungenen Graben. Es hatte eine Brücke zum Interviewraum und eine schöne marmorne Eingangstreppe. Einige Leute, die sonst auf der Veranda sitzen durften, saßen oder standen entlang der Auffahrt zum neuen lotosförmigen Haus. Die übrigen befanden sich direkt vor dem Tor zum Privatgelände. Die Situation irritierte mich etwas. Ich wollte mich eigentlich nicht mit der Frage herumschlagen, warum sie dort und wir hier sind? Oder: Wie komme ich da rein? Aber trotzdem hatte ich solche Gedanken.

Einige Tage später mietete ich mir ein Taxi und fuhr allein zurück nach Puttaparthi. Zwar war das für mich eine große Ausgabe, aber ich musste unbedingt zurück. Dort habe ich dann alles das gemacht, was ich vorhatte. Ich bin herumgewandert. Ich kletterte auf den Berg. Ich versuchte mein Bestes, um innerlich Frieden zu finden. Viele Westler erwarteten Sai Baba zu Weihnachten in Puttaparthi. Dann sandte er uns eine Botschaft. Wir sollten alle nach Whitefield kommen. „Ihr werdet nicht enttäuscht sein", versprach er.

In Whitefield wurde ich diesmal in seinen privaten Garten gelassen. Ich habe niemanden gefragt. Aber als sie die Tore öffneten und alle von der Veranda hereinkamen, ging auch ich einfach hinein. Die erste Woche verbrachte ich wieder drinnen, halb in der Erwartung, dass er auftauchen und sagen würde: „Was macht der denn hier?" Aber er schaute mich nur an; er war nicht bereit, mit mir zu sprechen, so wie ich noch nicht bereit war, ihn anzusprechen.

Es war äußerst seltsam, ich war so weit weg, wie ich es mir erlaubte, zu sein, und doch so nah, wie ich es mir immer gewünscht hatte. Ich wünschte mir so sehr, das Gefühl in meinem Herzen mit der körperlichen Nähe zu ihm in Einklang zu bringen, aber ich konnte es nicht. Ich wollte ihn so sehr lieben, aber ich vermochte es nicht. Ich war einfach nur da. In einem Augenblick schrie mein Geist: „Swami!" Im nächsten Moment sagte er: „Es ist mir egal. Es spielt keine Rolle. Es ist halt alles Gottes Wille." Nach einer Weile ließ ich aus purer Erschöpfung den ganzen mentalen Prozess los. Ich beschloss, einfach da zu sein und mich zu entspannen. Wenn ich glaubte, dass er Gott war, und das tat ich, dann musste ich auch glauben, dass er mich liebte, egal, was ich gerade dachte. Und so war wieder alles in Ordnung.

Nach einigen weiteren Tagen wurden die ausländischen Devotees informiert, dass es ein Weihnachtsprogramm geben würde. Am Sonntagabend vor Weihnachten rief Sai Baba spontan alle ausländischen Devotees zum Bhajan in die Hochzeitshalle zwischen seinem Privatgelände und dem Studentenwohnheim. Er saß in einem mit Seide überzogenen Stuhl und begleitete uns rhythmisch mit Fingersymbolen, während wir sowohl englische als auch indische Andachtslieder sangen. Ich saß ganz vorne, denn ich war mit den anderen von seinem Privatgelände gekommen, um ihm zu folgen. Dennoch blieb dieses Gefühl der Leere bestehen. Warum füllte sich mein Herz nicht mit Liebe und Hingabe?

Wieder rief er alle ausländischen Devotees sowohl am Dienstagabend vor Weihnachten als auch am Heiligen Abend zum Bhajansingen zusammen. Am Weihnachtsmorgen, noch im Morgengrauen, gab es eine Kerzen-Prozession durch die Straßen von Kadugodi, bei der Bhajans und Weihnachtslieder gesungen wurden. Die Prozession endete an der großen Bühne, die sich von der Mauer seines Privatgeländes aus erstreckte. Zum Abschluss der morgendlichen Sitzung kam Sai Baba durch das kleine Tor aus seinem Garten und überblickte die versammelten Devotees. In letzter Minute bat man mich, doch die Arathi-Zeremonie durchzuführen und den brennenden Kampfer zu schwenken. Während des gesamten Arathi-Liedes stand Sai Baba. Als ich das silberne Tablett mit dem brennenden Kampfer im Kreis schwenkte, wurde mein Arm ein wenig müde und ich musste über die Situation innerlich lachen. Im selben Moment lachte auch er. In diesem Moment, als wir beide lachten, fühlte ich mich, als wären wir eins.

Nachdem der Gesang zu Ende war, lud er mit einer Geste alle Anwesenden ein, ihm in den lotosförmigen Mandir zu folgen, in dem er wohnte. Er ließ uns langsam eintreten während wir weiter Weihnachtslieder sangen. Die meiste Zeit stand er auf dem Balkon im Inneren der Rotunde und gab Darshan.

Jeden Abend versammelten sich die Studenten der Universität, sowie diejenigen von uns, die entlang der Auffahrt im Privatgarten warteten, in der vorderen Halle des lotosförmigen Mandirs. Sai Baba saß in seinem orangefarbenen Sessel und hielt das Abendprogramm ab. Manchmal ergriff er das Wort oder hielt eine spontane Ansprache.

Manchmal ließ er aber auch einen Gast oder einen Würdenträger sprechen. Der Abend endete immer mit Bhajans, die die Studenten vortrugen. Ich saß also einfach da und sah ihm jeden Abend eineinhalb Stunden lang zu.

Nach dem Abendprogramm am Heiligen Abend in der Hochzeitshalle mit all den ausländischen Devotees, folgten wir Sai Baba vom privaten Garten zurück in seinen Mandir und versammelten uns in der vorderen Halle zum Bhajansingen. Die Studenten sangen die hingebungsvollsten Bhajans, die ich seit vielen Jahren gehört hatte. Sai Baba hörte mit dem Fingertakt auf und blieb elf Minuten lang regungslos sitzen. Ich beobachtete ihn und versuchte, in sein Bewusstsein einzudringen, um zu erfahren, wo er war, aber es war natürlich nicht möglich. Er war so jenseits von uns allen. Niemand war ihm wirklich nahe. Plötzlich ergoss sich eine Flut von Liebe und Hingabe in mein Herz. Ich war total lebendig und es war Weihnachten!

Am Tag nach Weihnachten rief Sai Baba alle ausländischen Devotees zu einem großen Gruppeninterview in die Hochzeitshalle. Er sprach in seiner Muttersprache Telugu. Es wurde ins Englische und Italienische übersetzt. Aber auf Englisch begann er mit der Frage: „Was wollt ihr?" Die Ansprache war nicht sehr lang, aber er tat sein Bestes, um alle Anwesenden mit seiner besonderen Liebe zu erfüllen, wie nur er es kann.

Vor diesem Besuch war Sai Baba seit mehr als einem Jahr nicht mehr in Whitefield gewesen. Er war in Puttaparthi geblieben, um die Bauarbeiten und die Vorbereitungen für die Weltkonferenz und den sechzigsten Geburtstag zu beaufsichtigen. Die Studenten flehten ihn an, zum Abendessen in ihr Wohnheim zu kommen. Jeden Abend diskutierten sie auf der Auffahrt mit ihm. Und jeden Abend zog er sie damit auf. Erst am neunundzwanzigsten Dezember willigte er ein, zum Abendessen zu kommen und eine Ansprache zu halten. Er lud auch uns ein, die wir uns regelmäßig an der Einfahrt des Privatgeländes versammelten, uns ihm anzuschließen. Die Jungen trafen die aufwendigsten Vorbereitungen. Sie waren total aufgeregt, dass ihr geliebter Swamiji zum Abendessen in ihr Wohnheim kommen würde.

Sai Baba begann das Abendprogramm mit einer Ansprache über die drei Aspekte des spirituellen Lebens, *Karma, Bhakti* und *Jnana.* Er verglich die drei mit den drei Zeigern einer Uhr, die ja einen Sekundenzeiger, einen Minutenzeiger und einen Stundenzeiger hat. *Karma*, der Yoga der Arbeit, sei der Sekundenzeiger. *Bhakti*, der Yoga der Hingabe, sei der Minutenzeiger, und Jnana, der Yoga der Weisheit, sei der Stundenzeiger. Er fügte hinzu, dass, wenn jemand nach der Uhrzeit fragt, er immer nach der Stunde fragt. Niemand fragt einfach nach der Minute oder der Sekunde. Auf dieselbe Weise, sagte er, müssten wir alle durch die drei Stufen fortschreiten. Durch *Karma Yoga* entwickeln wir *Bhakti*. Durch *Bhakti* entwickeln wir *Jnana*. *Jnana* oder Weisheit sei das Endziel. Es ist die „Stunde", die jeder wissen will. Letztendlich müssen wir also alle die Stufe von *Jnana* erreichen, die Weisheit, sich selbst als Gott zu erkennen.

Es war eine wunderschöne Ansprache, voller Perlen der Weisheit. Er sprach mit der Klarheit und Autorität eines Menschen, der aus Erfahrung weiß. Anschließend wurden Sai Baba und seine Gäste für ein musikalisches Programm in einen kleineren Raum geführt, während die Jungen den Saal für das Abendessen vorbereiteten. Schließlich kam ich direkt neben seinem Stuhl zu seiner Rechten zu sitzen. Einige Jungen hatten ein spezielles Musikprogramm mit hingebungsvollen Liedern vorbereitet. Sai Baba begleitete sie mit seinen Fingern im Takt. Die Lieder waren sehr melodiös. Sie brachten mich dazu, an alte Zeiten zu denken, als ich noch so viel Liebe für ihn empfand. So nah bei ihm zu sitzen und der schönen Musik zu lauschen, war „wie in alten Zeiten", empfand ich. In diesem Moment drehte er sich um und sah mich an. Es war ein durchdringender Blick, wenn auch nur für einen Moment. Aber es war ein Blick, der so vieles aussagte. Es war ein sehr wichtiger Blick für mich, denn er gab mir das Gefühl, dass ich wieder da war und dass er mich dort auch haben wollte.

Nach dem Musikprogramm gingen wir zum Abendessen in den Speisesaal. Sai Baba saß an einem Tisch mit Blick auf uns, die wir auf dem Boden saßen. Was für ein Leben muss das sein, dachte ich mir, immer so viele Menschen um sich zu haben, die ihm bei allem zusahen, was er die ganze Zeit tat. Sehr schnell war er mit dem Essen fertig. Eigentlich aß er nicht viel, das tat er nie. Während wir aßen, ging er umher, sprach ein paar Worte zu einigen Studenten oder neckte und scherzte mit anderen. Es war ein unglaublicher Abend, der viel zu schnell vorbei war. An diesem Abend fühlte ich eine starke Hingabe an ihn. Ich wollte ihn gar nicht sprechen, ich wollte einfach nur dahinschmelzen. Ich war so erfüllt von seiner Liebe und meiner eigenen für ihn. Es war Liebe zu Liebe, Herz zu Herz.

Kurz nach dem Neujahrstag kehrte Sai Baba dann nach Puttaparthi zurück. Die Veranda war, zumindest Anfang Januar, nicht gerade überfüllt. Sai Baba verbrachte dort jetzt etwas mehr Zeit, um mit den Devotees zu sprechen, aber nicht mit mir. Am ersten Montag, an dem er zurück war, machte er eine Besichtigung des Planetariums. Ich stand an der Eingangstür, um ihn zu begrüßen, zusammen mit Dr. Prasad und Herrn Reddy, die ebenfalls von Sai Baba zum Planetarium-Personal ernannt worden waren. Baba hatte einen Gast bei sich. Er stieg aus seinem großen roten Mercedes aus und ging anmutig in die runde Lobby unter dem „Weltraumtheater“. Seit dem Geburtstag war dort nicht mehr gearbeitet worden. Er betrachtete die Beleuchtungskörper und beschrieb sie seinem Gast in langen Telugu-Sätzen. Dann sah er mich an, zeigte auf sie und sagte „Sterne“. So erhielt ich eine Ein-Wort-Übersetzung für das, was er gerade erklärt hatte. Aber es war wenigstens ein Wort und es galt mir. Hinter mir war niemand, zu dem er hätte sprechen können, was ich sogleich überprüft habe.

Ich hatte mir angewöhnt, nach den morgendlichen Bhajans ins Planetarium zu gehen, schon allein deshalb, weil er dort plötzlich auftauchen könnte, um es zu inspizieren. Obwohl immer die Rede davon war, dass die Arbeiten abgeschlossen seien und jederzeit mit dem letzten Schliff begonnen werden konnte, geschah dies nie. Aber ich ging trotzdem dorthin und saß dann nur herum.

Dr. Prasad schlug vor, dass ich einige Planetarium-Lektionen vorbereiten sollte, was ich dann auch tat, um mich eine Weile zu beschäftigen. Am darauffolgenden Montag kam Sai Baba wieder zu einer wieteren Besichtigung. Am Eingang hielt er inne, um sich die Marmorverkleidung anzuschauen. Er war mit der Ausführung nicht zufrieden. Mit Dr. Prasad und dem Chefingenieur sprach er ausführlich in Telugu. Dann wandte er sich an mich und meinte: „Nicht gut“, wobei er auf die

Oberfläche des Marmors zeigte. Jetzt hatte ich schon zwei Worte. Die anderen und ich folgten ihm durch den Eingang und die Treppe hinauf zum Space-Theatre. Ich hielt immer einen höflichen Abstand und versuchte nie, seine Füße zu berühren, es sei denn, er erlaubte es, was er auch jedes Mal tat, wenn er das Planetarium wieder verließ.

Mitte Januar 1986 kamen Michelle und Richard mit ihren beiden Kindern zu Besuch. Sai Baba hatte sie eingeladen, zu kommen und dort zu leben. Also verkauften sie ihr Haus und kamen so schnell wie möglich. Sie brauchten fast ein Jahr, aber jetzt waren sie hier. Endlich hatte ich das Gefühl, echte Freunde zu haben, mit denen ich ab und zu reden und Zeit verbringen konnte. Michelle hatte die Fähigkeit, die wirklichen Gründe, warum wir alle dort waren, in den Mittelpunkt zu stellen. Richard hatte auch das Privileg, auf der Veranda zu sitzen, so dass wir in gewisser Weise „Kollegen" waren. Ende Januar brach Sai Baba zu einer Reise nach Madras und Bombay auf. Er war etwa siebzehn Tage weg. Ich beschloss, in Puttaparthi zu bleiben, ebenso wie Michelle und ihre Familie. Die meisten der ausländischen Devotees folgten Sai Baba auf seiner Tournee.

Ich musste mich nun mit etwas auseinandersetzen, was ich nicht wirklich zugeben wollte. Ich begann, mich zu langweilen. Selbst wenn Sai Baba in Puttaparthi war, ging er gewöhnlich um zehn oder halb elf morgens auf sein Zimmer und kam erst um halb sechs nachmittags wieder herunter, um Darshan zu geben. Es lag also ein langer Tag dazwischen, der zu bewältigen war. Jeder Tag war sehr heiß und es wurde immer heißer. Der Februar war merklich heißer als der Januar. Ich versuchte mein Bestes, um den Tag auszufüllen, aber es gab einfach nicht genug für mich zu tun. Im Laufe der Jahre hatte ich alle Bücher von Sai Baba schon mehrmals gelesen. Es ist eine Sache, nichts zu tun, wenn man sich wirklich entspannen will, aber nichts zu tun zu haben, wenn man produktiv sein will, ist sehr schwierig. „Das Glück liegt nicht darin, das zu tun, was man mag, sondern darin, das zu mögen, was man tun muss", hatte Sai Baba gesagt. Ich versuchte also, mich daran zu gewöhnen, es zu mögen, nichts zu tun zu haben, aber das war sehr schwierig.

Ein weiteres Problem, dem ich gegenüberstand, war das Essen. Ich mochte das Essen in der Kantine wirklich nicht. Ich habe versucht, gelegentlich mein eigenes Essen zuzubereiten, aber das war sehr mühsam. Ich musste nicht nur stundenlang kochen, sondern mich auch mit einer riesigen Armee von Ameisen herumschlagen, wenn ich nicht alles gründlich sauber gemacht hatte. Zu allem Überfluss fühlte es sich auch noch so an, als würde ich selbst gekocht werden, weil die Küche so heiß war. Oft scherzte ich mit den Leuten, dass sie sich in Indien keine Sorgen um ihre Ernährung machen müssten, denn sie bekämen dort eine nährstofffreie Kost.

Als sich der Februar so langsam hinzog, begann ich abzunehmen und fühlte mich lethargisch. Inzwischen war Sai Baba von seiner Reise zurück und gab wunderschöne Darshans. Jeden Tag ging er auf der Veranda zwischen Richard und mir hin und her, wo auch immer wir gerade saßen. Es wurde zu einer Art Spiel. Die College-Jungs, die gerade ihren Abschluss machten, baten ihn um ein Interview vor ihren Prüfungen. Um ihnen auszuweichen, lief er diagonal über die Veranda und direkt zwischen uns hindurch. Eines Tages berichtete ihm einer der anderen Amerikaner auf der Veranda von einer Dame, die der Universität einen Computer spenden wollte.

„Woher kennst du sie überhaupt?“, stichelte er. „Junggesellen, die sich mit Frauen einlassen, sind nicht gut.“ Als er an mir vorbeiging, sagte er: „Und du auch!“ Ich wusste wirklich nicht, was er meinte, als er noch „Bad Boy“ hinzufügte. Aber er beachtete mich wenigstens!

Als er das nächste Mal ins Planetarium kam, war ich der Einzige, der ihn an der Eingangstreppe begrüßte. Ich wusste nicht, wo gerade Dr. Prasad und die anderen waren. „Wie geht die Arbeit voran?“, fragte er mich.

„Nicht so sehr“, antwortete ich, während ich neben ihm herging.

„Nicht so sehr“, wiederholte er leise. Nach einer kurzen Pause meinte er: „Unsere indischen Ingenieure sind eben so. Was soll ich tun?“ Er ging hinein, um die Arbeiten in der Herrentoilette zu überprüfen. Ich folgte ihm. Missbilligend schaute er auf die Art und Weise, wie die Keramikfliesen um die Ulrinale herum verlegt worden waren. „Das ist keine gute Arbeit“, bemängelte er und zeigte auf die ungleichen Fugen. „Viele Ausländer werden hierherkommen.“ Dann zeigte er auf die Waschbecken und sagte: „Sieh‘ mal, sie sind zu klein.“

Ich wusste nicht, ob ich etwas sagen sollte oder nicht, also antwortete ich einfach „Ja, Swami“. Mir gefiel es, mit ihm allein zu sein, auch wenn wir gerade auf der Herrentoilette waren. In diesem Augenblick kamen Dr. Prasad, Herr Reddy und der Chefingenieur an, schwitzend und außer Atem. Mit ihnen besprach er in Telugu ausführlich den Zustand der Herrentoilette. Dann gingen wir zusammen nach oben in das Space-Theatre. Inzwischen war der Fußboden mit blauen Venylfliesen verlegt worden. Die Sitze waren orange, die Armlehnen und Sockel olivgrün und der Boden blau. Sai Baba stand in einem der Gänge zwischen den orangefarbenen Sitzreihen und schaute auf den Boden. „Blau ist die Farbe der Mohammedaner“, scherzte er auf Englisch. Alle lachten. Er fuhr auf Hindi fort, weil die Vertragspartner für die Fliesen nur Hindi sprachen. Er sagte ihnen, dass ihm die Farbzusammenstellung nicht gefalle. Dann sah er mich an und forderte mich auf: „Erzähl mal, Rowdy.“

Ich begann langsam: „Swami, orangefarbene Sitze, grüne Arme und Beine und ein blauer Boden sind keine gute Farbkombination.“ „Ja“, meinte er auf Englisch, „Blau ist für Mohammedaner.“ Er lachte. Die Fliesenleger sahen nicht sehr glücklich aus. Sai Baba ging weiter und sah sich die Türen an. Eine Türumfassung war schief gegossen. (Es war alles aus Beton.) Er schimpfte mit Dr. Prasad, weil er das nicht bemerkt hatte. Ich stand dabei. Dann drehte er sich zu mir um und sagte: „Du bist auch blind.“ Ich wusste nicht, ob das vielleicht bedeutete, dass ich das Projekt hätte beaufsichtigen und gegebenenfalls auch Kritik üben sollen, falls notwendig. Aber die Mitglieder des World Council hatten mir geraten, mich nicht einzumischen, und so hielt ich die ganze Zeit still. Jetzt fragte mich Sai Baba nach meiner Meinung dazu und schimpfte mit mir, weil ich die Fehler nicht bemerkt hätte. Das war typisch für Indien, und verwirrend. Es war immer dieser „Tanz“: falsch, wenn du es tust, falsch wenn du es nicht tust. Manchmal schien es, als hätte Sai Baba das Ganze so eingerichtet, dass man in einem Zustand der Unbestimmtheit schwebte. Aber schließlich war Puttaparthi ja kein gewöhnlicher Ort. Zwischen dem täglichen Umgang mit Indien und Sai

Babas Unbestimmtheit (im Sinne von Unberechenbarkeit) war es der einzige Ort, an dem, wie Richard sagte, „er alles aus dir herausschleifen konnte“. Mit der Zeit ging mir Indien ganz allgemein auf die Nerven. Es war heiß, es war schmutzig, mit Ausnahme von Sai Babas Aschram und seinen Schulen. Das Essen war lausig. Die Inder sagten zu allem ja und taten nichts. Man war immer ein Fremder, egal wie sehr das Herz für Sai Baba oder Indien blutete.

Schon bald waren meine ersten drei Monate in Indien vorbei. Es war an der Zeit, eine Verlängerung meines Visums zu beantragen. Ich war mit einem Touristenvisum gekommen und hatte die Zusicherung der Mitglieder des World Council, dass sie es problemlos verlängern könnten. Sie würden dafür sorgen, dass ich ein Schreiben von der Universität bekäme, in dem sie mich einluden, als Berater für das Planetarium im Lande zu bleiben. Dr. Rao sagte, wenn es irgendwelche Probleme gäbe, würden sie mir ein Rückflugticket geben und ich könnte mit einem neuen Visum wiederkommen. Ich weiß nicht, warum ich nach achtzehn Jahren in Indien immer noch alles glaubte, was Inder sagen. Vielleicht war es nur eine Gewohnheit, die ich als Amerikaner hatte.

Genau zum richtigen Zeitpunkt tauchte Indulal Shah in Puttaparthi auf. Ich sagte ihm, dass ich ein Schreiben von der Universität bräuchte, um mein Visum zu verlängern. Er sagte, er warte auf ein Schreiben von Dr. Reed. Das war eine gute Ausrede seinerseits. Aber ich hatte den Brief von Dr. Reed schon die ganze Zeit. Ich dachte, ich hätte ihn ihm während unserer vielen Treffen auf der Weltkonferenz gezeigt. Aber er war damals so beschäftigt, dass er es vielleicht vergessen hat. In der nächsten Szene des „Films“ fand ich mich in dem überdimensionalen Büro des Vizekanzlers des „Sri Sathya Sai Institute of Higher Learning“ wieder. Von dort aus hatte man einen Panoramablick auf das darunter liegende Tal. Durch die geöffneten Fenster wehte eine kühle Brise herein. Der Vizekanzler wirkte überlebensgroß hinter seinem großen Schreibtisch in seinem großen Büro in dem großen Verwaltungsgebäude, das den Aschram und die Universität auf der Spitze des großen Hügels überragte. Ich fühlte mich in meinem Stuhl etwa einen Meter groß. Ich erklärte dem Vizekanzler, warum die indische Regierung ein Schreiben der Universität verlangte, damit ich ein Einjahresvisum beantragen konnte. Das war ein Thema, das ich nur zu gut kannte. Er bestätigte, dass Herr Shah ihn angewiesen habe, mir ein solches Schreiben auszustellen. Er sagte, man würden es in ein oder zwei Tagen fertig haben. „Das ist nur eine reine Formalität", versicherte er mir.

Nachdem ich eine Woche lang geduldig gewartet hatte, war ich langsam genervt. Ich beschloss: „Nun gut, wenn sie mir kein Schreiben geben, reise ich ab." Dann überlegte ich, Sai Baba zu fragen. „Hier bin ich", sprach ich eines Tages zu Richard, „vierzehn Jahre nach dem Interview an Weihnachten 1971, und ich bitte Sai Baba immer noch um ein Empfehlungsschreiben für mein Visum. Nichts ändert sich, nicht wahr?"

Eines Morgens saß ich auf der Veranda und wartete darauf, dass Sai Baba in seinem Auto von einer Inspektionstour auf einer neuen Baustelle zurückkam. Als er zurückkam, war ich mit meiner Frage vorbereitet, aber ich hasste es, ihn zu fragen. Als er in der Mitte der Veranda entlangging, stand ich auf und ging auf ihn zu und fragte: „Swami, ich brauche ein Schreiben für mein Visum." Und schon war ich auf meinen Knien in seinem Garten. Ich hatte mich nämlich hinter der Tür der Kantinenbaustelle versteckt. „Warte, warte", war alles, was er sagte, während er weiterging. Ich hatte bereits vierzehn Jahre gewartet. Ich schätzte, dass ich noch ein wenig länger warten konnte.

An diesem Nachmittag saß ich in meiner Wohnung und starrte aus der offenen Tür. Der Raum war heiß, aber es wehte eine Brise. Angesichts meiner Situation war ich natürlich unruhig. Also beschloss ich, der Nachmittagshitze zu trotzen und den ganzen Weg zum Verwaltungsgebäude auf dem Hügel hinaufzulaufen. Draußen müssen es 38 Grad Celsius gewesen sein. Als ich dort oben ankam, war ich total erschöpft. Der Vizekanzler sei nicht da, wurde mir gesagt. Auch sonst schien niemand etwas über das Schreiben zu wissen. Das war alles, was ich brauchte, um mich aus der Fassung zu bringen. Ich war wütend. Wut ist ein so schreckliches Gefühl; sie zerstört wirklich unsere Spiritualität. Schnell lief ich den Hügel hinunter und vergaß dabei die Hitze und meine Müdigkeit. „Ich habe die Schnauze voll von diesem Mist", rief ich laut. „Wenn ich nicht sofort ein Schreiben bekomme, war's das, dann gehe ich."

In diesem Moment rief eine Stimme nach mir. „Herr Howard!“ Ich drehte mich um und schaute hinter mich. Dort stand ein älterer Herr mit einem schwarzen Regenschirm, der ihn vor der Sonne schützte. Er trug eine kleine Aktentasche. Ich wartete, bis er bei mir war. Er hatte den groben Entwurf des Schreibens bereits fertig und brauchte nur noch meinen Reisepass, damit er es vor dem Abtippen mit den entsprechenden Angaben versehen konnte. Der Vizekanzler würde es dann unterschreiben. Er sagte, er würde einen Boten zu meinem Zimmer schicken, um meinen Pass abzuholen. Es war mir peinlich, dass ich die Beherrschung verloren hatte. Ich hatte das Gefühl, dass Sai Baba sich wirklich um die Dinge kümmerte. Als ich den Hügel hinunterging und mich auf den Weg zurück in meine Wohnung machte, dachte ich: „Er hat nur vierzehn Jahre gebraucht, aber jetzt bekomme ich endlich ein Empfehlungsschreiben für mein Visum. Was sind schon bei Gott vierzehn Jahre?“

Ende Februar luden die Studenten Sai Baba zum Abendessen und zu einem musikalischen Programm in ihr Wohnheim ein. Swami lud alle Verandaleute mit ein, ihn zu begleiten. Es war ähnlich wie bei der Veranstaltung in Whitefield am neunundzwanzigsten Dezember. Wie es in Indien üblich ist, saßen die geladenen Gäste auf dem Boden. Nachdem er mit dem Essen fertig war, ging Sai Baba durch den Speisesaal. Als er zu der Stelle kam, an der ich saß, blieb er stehen, schaute auf mein Tablett mit dem Essen und sagte: „Hey Pagal, das ist süß, tu kein Sambar hinein“, und er zeigte auf die Süßspeise. Ich hatte aber Sambar, das scharf und würzig ist, gar nicht auf meine Süßspeise getan, und ich hatte es auch nicht vor, ich wusste also nicht, wovon er sprach. Aber was spielte es für eine Rolle, zu überlegen, warum er sagte, was er sagte. Die Tatsache war, dass er etwas gesagt hatte. Jetzt war ich also „pagal“. Ich wusste, dass „pagal“ auf Hindi „Verrückter“ bedeutet. Aber auf dem Rückweg zu meiner Wohnung dachte ich an diesem Abend trotzdem darüber nach. Vielleicht sah das Muster auf der Süßspeise tatsächlich wie ein Spritzer Sambar aus. Aber vielleicht hat er es auch als Metapher für meine Situation benutzt. In Wirklichkeit wollte er damit sagen, dass das, was hier ist, die Süße ist. Verdirb sie nicht, indem du all diese rajasischen Qualitäten wie Ärger usw. darauf legst. Vielleicht wollte er mich damit nur necken. Seit ich nach Puttaparthi gekommen war, hatte er mich schon „Rowdy", „Böser Junge", „Blind" und jetzt „Verrückt" oder „Pagal" genannt. Die einzige Schlussfolgerung, die ich aus all dem ziehen konnte, war, dass ich zu ihm gehörte.

Als meine ersten drei Monate um waren, fuhr ich nach Anantapur, um mein Visum zu verlängern. Ich zeigte dem Polizeiinspektor meine Schreiben von der Firma Spitz und der Universität. Er schaute recht passiv drüber. Dann sah er sich meinen Reisepass an. Er meinte, da ich mit einem dreimonatigen Touristenvisum gekommen sei, würde er mein Visum um die erlaubten drei Monate verlängern. Nach diesem Zeitraum könne ich die Schreiben ja wieder mitbringen und ein Jahr beantragen. Wenigstens hatte ich das Empfehlungsschreiben bekommen und konnte mich in Anantapur registrieren – nur vierzehn Jahre, nachdem Sai Baba mich dazu aufgefordert hatte.

EIN MONAT VOLLER WUNDER

Die Zeit von Mitte März bis Mitte April 1986 erwies sich als ein Monat von sieben Wundern. Einundzwanzig Tage lang blieb ich in Whitefield. Es war ein Fest des wundertätigen Sai Baba. Nachdem ich ihn schon so viele verschiedene Dinge habe materialisieren sehen, machte ich mir noch einmal klar, dass er unbestritten alles materialisieren konnte. Seine Materialisationen waren zweifellos Geschenke der Liebe, aber sie hatten auch noch eine tiefere Bedeutung.

Im Laufe der Jahre habe ich gesehen, wie Sai Baba zahlreiche Gegenstände materialisierte. Nach all meiner Lektüre und meinen Studien, Meditationen und spirituellen Erfahrungen konnte ich nur zu dem Schluss kommen, dass Gott das gesamte Universum in einem einzigen Augenblick materialisiert haben muss. Er hat es nicht im Laufe der Zeit getan, sondern die Zeit kam erst mit dem materialisierten Universum. Da es bei Gott keine Vergangenheit, Gegenwart oder Zukunft gibt, habe ich das Gefühl, dass die Erschaffung des Universums irgendwo im ewigen Jetzt stattfindet. Vielleicht geschieht sie aber auch gar nicht wirklich. Sie ist einfach eine Illusion, die der Herr durch seine Kraft geschaffen hat. Dieser große Trick wird von den Hindus Maya genannt. Andererseits habe ich das Gefühl, dass ich hier bin und dass es da ist und dass alles sehr real ist. Aber ich habe zumindest verstanden, dass der Glaube an die Realität der Welt nur eine Gewohnheit ist. Er ist eine Bedingung, eine Art Gehirnwäsche, die ein Leben nach dem anderen andauert, eines nach dem anderen. Letztlich kann der Devotee Gott nur um den Gefallen bitten, dass er den Schleier der Illusion, Maya genannt, lüftet und ihm einen Blick auf die Wirklichkeit gewährt. Sai Baba sagt, dass das, was Realität ist, man selbst ist. Da jeder weiß, dass er oder sie nicht aus zwei Selbsten besteht, sondern nur aus einem, ist es logisch, dass es nicht ein Selbst gibt, das das andere erblicken oder erfahren kann. Was ist also zu tun? Mit welchen Augen kann man sich selbst betrachten? Mit welchem Geist kann man sich selbst erkennen? Es gibt keine Antwort. Es gibt nichts anderes zu tun, als sich zu ergeben und alles seinem Willen zu überlassen.

Abends saßen wir auf der Auffahrt vor dem lotosförmigen Haus und der Eingangshalle. Wir sahen zu, wie Sai Baba einige neue Ergänzungen zum bereits bestehenden Universum schuf. Eines Tages, als er die Reihe der Studenten entlangging, die auf der Auffahrt saßen, und Fotos signierte, ging einem Studenten die Tinte aus. Sai Baba trat zurück und materialisierte mit einer kreisenden Handbewegung einen wunderschönen Stift. Er war leuchtend rot und hatte eine goldene Spitze. Er signierte das Foto und gab den Stift dem überglücklichen Studenten. Bei einer anderen Gelegenheit gab es ein abendliches Musikprogramm, das von zwei Jungen aus dem College präsentiert wurde. Am Ende des Programms ließ Sai Baba noch einmal seine Hand kreisen und materialisierte zwei silberne Armbänder.

Eines Morgens kam er aus der Eingangstür, blieb eine Weile stehen und betrachtete die Anwesenden. Als er begann, die Marmortreppe hinunterzusteigen, pflückte er ein Blatt vom Eiskraut, das in einem Tontopf neben der Tür wuchs. Als er sich der Einfahrt näherte, schwenkte er es in seiner Hand auf und ab. Er ging zu einem Devotee hinüber und fragte ihn auf Englisch, was das sei. „Es tut mir leid, Swami, ich kenne den botanischen Namen nicht", war die Antwort des Devotees. Sai Baba hielt das Kraut zwischen Daumen und erstem Finger, blies darauf und verwandelte es augenblicklich in ein längliches Shiva Lingam aus schwarzem Stein. Als er ihn dem Devotee übergab, bemerkte Sai Baba, dass dieser eine Kette um den Hals trug. Also nahm er das Lingam zurück, hielt es an seine Lippen und blies ein Loch in die

Mitte, so dass der Devotee es an der Kette tragen konnte. Ich erinnerte mich noch an meinen allerersten LSD-Trip, den ich vor zwanzig Jahren am Land's End in San Francisco machte. Ich saß auf genau diesem Eiskraut, das zwischen den Felsen auf den Klippen über der Golden Gate wächst. Ich hatte damals das Gefühl, dass das Eiskraut um mich herum von Bewusstsein erfüllt, lebendig und ein Teil Gottes war.

Als eines Abends eine Gruppe die Rampe zum Interview-Raum im Lotos Mandir hinaufging, rief Sai Baba von der Auffahrt aus einer der Frauen zu: „Hey Ma!" Als sie sich Umdrehte, warf er ihr eine frische, reife Pflaume aus seiner leeren Hand zu. Es ist doch erstaunlich, wie der Verstand funktioniert: Mein erster Gedanke war: „Ist jetzt überhaupt Pflaumensaison?" Aber dann erinnerte ich mich, dass Sai Baba immer sagt „Kein Grund, keine Jahreszeit", nicht wahr?

Im März 1986 gab er in Whitefield nur einen öffentlichen Darshan pro Tag, und zwar am Morgen, außer sonntags, wenn er sowohl morgens als auch abends kam. An einem Sonntag, als er aus dem öffentlichen Darshan-Bereich zurückkam, hatte Sai Baba einen Kratzer von einer dornigen Rose, die ihm geschenkt worden war, an der Hand. Er ging auf einige Studenten zu und sagte: „Seht, Blut!", und zeigte auf den Kratzer. Sofort stürzten Dutzende Studenten mit ihren Taschentüchern auf ihn zu, um das Blut von seiner göttlichen Hand abzuwischen. Erfreut über den Ausbruch solch liebevoller Anteilnahme, kreiste er seine Hand und materialisierte Kandiszucker für einige der Jungen. Dann gab er mit einem Kopfnicken das Signal, dass sie in die Eingangshalle zum Abendprogramm gehen sollten. Die Studenten eilten hinein. Ich folgte Sai Baba die Einfahrt hinauf und sah, wie er den Kratzer mit seinem Finger wegwischte.

An diesen Abenden, wenn wir in der Halle versammelt waren, veränderte Sai Baba oft den Ring eines Devotees. Ich beobachtete, wie er auf die Ringe pustete und sie von Kupfer- oder Metallringen in Diamant- oder Smaragdringe verwandelte. Nun mag uns ein Wissenschaftler sagen, dass es einige hunderttausend Jahre dauert, bis sich ein Diamant aus verdichteter Kohle bilden kann. Aber für Sai Baba genügt der sanfte Hauch seines Atems. Ein Devotee, den ich mal traf, ließ den Diamantring, den Sai Baba ihm materialisiert hatte, bei Tiffany in New York schätzen. Der Gutachter meinte, er habe zehneinhalb Karat und sei zwischen neunzig- und hunderttausend Dollar wert. Diese Information gefiel meiner jüdischen Natur sehr. Ein großer Heiliger fragte einmal seine Devotee, ob sie Gott oder Geld wolle. Sie sagte unerbittlich, sie wolle nur Gott. Da der Heilige mit ihrer Antwort zufrieden war, schenkte er ihr eine große Summe Geldes. Aber angenommen, sie hätte Geld gesagt, hätte sie vielleicht Gott bekommen? Eines habe ich über die Inder gelernt, ob sie nun Rikscha-Fahrer oder Avatare sind – man weiß nie, was sie wirklich meinen, wenn sie etwas sagen. Vielleicht geht es aber auch in der Übersetzung verloren.

Sai Babas Materialisationen spiegeln oft den wirtschaftlichen und sozialen Status der Devotees wider. Zum Beispiel gab er diesen großen zehneinhalbkarätigen Diamantring einem sehr wohlhabenden Mann. Ich habe ihn anprobiert, aber er passte einfach nicht zu mir. Ich hatte wirtschaftlich noch einen weiten Weg vor mir, um wenigstens an die Armutsgrenze zu gelangen. Wie sollte man ein Geschenk der Liebe, das vom Avatar materialisiert wurde, überhaupt bewerten? In einem tieferen philosophischen Sinn ist es falsch, dem Geldwert von irgendetwas Bedeutung beizumessen, weil schließlich alles von Gott materialisiert wurde. Es ist alles nur Ausdruck seiner Liebe.

Oft wurde ich gefragt, warum Sai Baba nur kleine Schmuckstücke wie Ringe, Anhänger und Ohrringe materialisiere. Ich habe immer erklärt, dass es so ähnlich ist, wie bei den Ringen, die bei einer Hochzeitszeremonie ausgetauscht werden. Die Ringe symbolisieren die Liebe und die Verbundenheit von Braut und Bräutigam. Sie sind klein und können immer bequem getragen werden, um beide an ihre Verpflichtungen zu erinnern. Große Gegenstände wie Autos oder Fernsehgeräte werden bei Hochzeitszeremonie nie zwischen Braut und Bräutigam ausgetauscht. Auf die gleiche Weise gibt uns Sai Baba kleine Geschenke, die wir als Erinnerung an seine Liebe und das Band zwischen ihm und seinem Devotee bei uns tragen können. Er selbst trägt nichts, weil er auch nicht daran erinnert werden muss. Er vergisst uns nie.

Als ich ihn beobachtete, wurde mir klar, dass die göttliche Hand von Sai Baba in der Lage ist, uns alles zu geben. Wenn er einen Stift, eine

Pflaume, Kandiszucker, ein steinernes Shiva-Lingam aus einem Eiskrautblatt oder Ringe mit Diamanten und Smaragden und Armbänder aus Silber machen kann – was sollte er dann nicht erschaffen können? Was immer wir an materiellen Dingen brauchen, Gott wird sie uns geben. Was für eine unglaubliche Freiheit ist es, zu wissen, dass Gott sich um uns kümmert. Ein großer Heiliger sagte einmal zu seinem Anhänger: „Warum solltest du im Zug mit deinem Gepäck auf dem Kopf reisen? Lege das Gepäck auf den Gepäckträger und lassen dich und das Gepäck vom Zug ziehen." Sai Baba sagt oft: „Weniger Gepäck und mehr Komfort machen das Reisen zu einem Vergnügen." Oder: „Wenn du dich dem Willen Gottes ergibst, wird er sich um alle deine Angelegenheiten kümmern. Er weiß, was das Beste für dich ist."

Nachdem ich Sai Baba im März 1986 in Whitefield gesehen hatte, wurde mir klar, dass vielleicht alles, was ich in den letzten sechzehn Jahren durchgemacht hatte, aus einem bestimmten Grunde geschah. Wenn es mich an den Punkt brachte, an dem ich mich Gott wirklich in völligem Glauben hingeben konnte, wenn auch in ferner Zukunft, dann kann es nur zu meinem eigenen Besten sein. Der Moment der Hingabe kommt, wenn ich aufhörte, alles zu beurteilen und negativ zu reagieren. Das bedeutete nicht, dass ich dann ein geistloser Zombie wäre. Ich habe stets geglaubt, dass die völlige Hingabe an Gottes Willen Frieden bringt, nicht nur für mich, sondern für die ganze Welt.

Am Abend vor Beginn der Abschlussprüfungen verteilte Sai Baba Vibhuti an die College-Jungs, indem er es materialisierte. Sie waren alle sehr aufgeregt und fingen an, zu drängen und sich gegenseitig zu schubsen, um etwas abzubekommen. In diesem Tumult wurden einige Topfpflanzen entlang der Einfahrt umgestoßen. Es schien, als ob die Jungs auf Nimmerwiedersehen abreisen würden, und dies ihre letzte Chance sei, von ihm etwas heilige Asche zu bekommen!

Als er eines Abends auf den Marmorstufen des Eingangsbereichs stand, sagte er, dass es keine Abendprogramme mehr geben würde. Die College-Jungs flehten ihn an. Es war ein kaskadenartiger Refrain von „Swami, Swami, Swami ...". Er entgegnete ihnen, dass sie keine Hingabe hätten, und dass alles nur Show sei. Sie scharten sich enger um ihn und flehten ihn an. Aber er war unnachgiebig. Er sagte, es gäbe keine Disziplin im Wohnheim. Einige Jungen fingen tatsächlich zu weinen an. Gerade als das Drama richtig heftig wurde und es so aussah, als ob Sai Baba das Abendprogramm für immer absagen würde, lachte er und sagte „April, April!“ Es war tatsächlich der 1. April 1986. Mit einem herzhaften Lachen gab er den Jungen und natürlich auch uns Zuschauern ein Zeichen, in die Eingangshalle zu gehen.

Am zehnten April erhielt ich die Aufforderung, nach Puttaparthi zurückzukommen. Die letzten Arbeiten am Planetarium waren abgeschlossen. Die beiden Mitarbeiter von Spitz, dem Hersteller des Planetariums, sollten kommen, um die Installation abzuschließen. Man erwartete von mir, dass auch ich da sein sollte, um ihnen bei Bedarf zu helfen und sie zu empfangen, wenn möglich. Am Abend trat ich auf der Auffahrt vor und erklärte Sai Baba, dass ich nach Puttaparthi fahren würde.

„Wohin, nach Tirupati?“, fragte er und schaute mich an, als ob er wissen wolle, warum ich noch einmal dorthin fahren wolle.

„Nein, Swami“, berichtigte ich, „Puttaparthi.“

„Oh ja, geh nur“, sagte er lieblich. War das vielleicht eine angedeutete Bestätigung, dass er wusste, dass ich 1985 in Tirupati gewesen war, oder hatte er mich einfach nur missverstanden? In Indien lautete die Antwort auf diese Art von Fragen einfach: „Wer kann das schon sagen?“

DAS ENDE BAHNT SICH AN

Der April in Puttaparthi war nicht wie der April in Paris. Es war so heiß, dass man sich wahrscheinlich hätte abkühlen können, indem man über heiße Kohlen lief. Wenigstens war das Planetarium klimatisiert. Als die Nachmittagstemperaturen um die 43 Grad Celsius betrugen, fröstelte ich hinter der Steuerkonsole im Space Theatre, wo das Gebläse, das unlogischer Weise auf dem Boden platziert war, viel zu kühle 20 Grad Celsius abgab. Ich war froh, wieder in Puttaparthi zu sein. Obwohl der März ein erstaunlicher, wunderbarer Monat in Whitefield gewesen war, gefiel es mir dort nicht wirklich, was das Leben betraf. Es war nicht so isoliert und in sich geschlossen wie Puttaparthi. Ich fühlte mich dem Rest Indiens förmlich ausgesetzt, und konnte es zu diesem Zeitpunkt wirklich kaum noch aushalten, in Indien zu sein.

Puttaparthi war wirklich leer, bis auf eine Notbesetzung von Bewohnern, die die heiße Jahreszeit durchhielten. Die beiden Arbeiter der Firma Spitz, Glen und Charles, kamen am 11. April an. Sie wurden in einem der Rundhäuser komfortabel untergebracht. Außer ihnen gab es hier wirklich niemanden mehr, der einen ähnlichen kulturellen Hintergrund hatte wie ich. Und nach all den Jahren, die ich in Indien mit Sai Baba verbracht hatte, konnte ich mich mit ihnen bestenfalls auf einer sehr oberflächlichen Ebene unterhalten. Aber sie waren sehr nett. Sie arbeiteten akribisch und stellten das „Geschenk“ der hochentwickelten elektronischen Ausrüstung zusammen.

Ich hatte die Idee, wunderbare Shows im Planetarium zu veranstalten, Shows, bei denen man Themen aus der indischen Kultur mit Lektionen über Astronomie verbinden konnte. Meine Vorstellungskraft war beflügelt. Ich kannte praktisch alle indischen Schriften und Epen auswendig, da ich sie oft gelesen hatte. Im April kam Sai Baba für zehn Tage nach Puttaparthi. Aber er kam nie zum Planetarium runter, während Charles und Glen dort arbeiteten. Ich war so glücklich, ihn wieder hier zu haben. Er brachte die übliche Schar von Devotees mit, und so war der Ort trotz der großen Hitze wieder einigermaßen belebt. Charles und Glen arbeiteten bis in die erste Maiwoche und schlossen dann ihre Arbeit ab. Auch Dr. Goldstein war angereist, und es gab eine Vorführung für das gesamte Universitätspersonal und seine Familien. Sai Baba aber blieb in Whitefield. Dr. Goldstein erledigte den gesamten Papierkram, wie z. B. die Übergabe der fertigen und installierten Geräte, und kehrte nach Whitefield zurück, um Sai Baba Bericht zu erstatten.

Der Rektor der Universität beauftragte drei der besten Studenten mit der Wartung und Bedienung der Geräte sowie einen Professor, den ich „Dr. Know“ nannte. Er war einer der schwierigsten Menschen, die ich je getroffen hatte. Er verstand seine Zuweisung zum Planetarium als Auftrag, die Leitung zu übernehmen. Als er erst einmal gelernt hatte, wie man die Steuerkonsole bedient, gab es dort oben nicht genug Platz für uns beide.

Sai Baba kehrte im April nach Puttaparthi zurück und blieb nur für zehn Tage. Im Planetarium organisierten wir eine Show über den Haley-Kometen. Obwohl wir bereits Mai 1986 hatten und der Komet schon lange nicht mehr zu sehen war, war es dennoch ein aktuelles Thema und die einzige Show, die wir veranstalteten. Meine Aufgabe war es, den anderen zu zeigen, wie man das Skript, die Dias und die Tonspur zu einer zusammenhängenden, automatisierten Show zusammenfügt.

Zumindest dachte ich, dass ich genau dafür da war. Im Unterschied zu Dr. Knows fünf Trainingstagen, hatte ich eine siebenmonatige Ausbildung hinter mir. Aber er bestand darauf, dass er alles darüber wisse, und warum nicht, wie er sagte, „einfach loslegen und die Sache machen." Ich versuchte ihm zu erklären, dass es doch besser sei, das Skript zusammen mit den angegebenen Bewegungen und Visualisierungen erst einmal zu proben, um die Synchronität von Ton und Bild für eine professionell wirkende Show zu erreichen. Aber schon nach einer Probe sagte er, dass er bereit sei. Er meinte, wir würden uns nur „langweilen", wenn wir sie immer wieder durchlaufen ließen. Ich wusste wirklich nicht, was seine Beweggründe waren, und ich wollte sie auch nicht verstehen. Ich war fest entschlossen, die Vorführung korrekt und professionell durchzuführen. Ich versuchte, mit Dr. Know diplomatisch zu sein, aber ich kam damit nicht durch. Er hat nie zugegeben, dass es einen Meinungskonflikt gab. Er sagte einfach immer wieder „Ja" und machte dann doch sein eigenes Ding.

Das Ergebnis war eine Katastrophe, zumindest für amerikanische Verhältnisse. Die Tonspur und das Bildmaterial waren nicht synchronisiert. Ich habe dann darauf bestanden, den Ablauf noch einmal zu üben. Jetzt wurde Dr. Know, der immer ja sagte, wütend und sagte tatsächlich einmal „Nein", er argumentierte, ich wolle die Dinge doch nur auf meine Art machen. Nun, im Grunde genommen stimmte das ja auch. Ich konnte die Dinge nur so machen, wie sie mir beigebracht worden waren, und ich versuchte, das Dr. Know zu erklären.

Vielleicht war ich ja zu aufdringlich. Mir wurde klar, dass die Inder genug davon hatten, dass die Weißen ihnen – wie damals vor langer Zeit schon die Briten – immer gesagt haben, was sie zu tun hätten. Aber meine eigene Erfahrung in Indien war die, dass man nichts erreicht, wenn man nicht drängt. Wenn man sich bis zur Verärgerung oder Erschöpfung anstrengt, bekommt man wenigstens ein bisschen 'was hin. Es ist durchaus nicht so, dass die Inder faul sind und nicht hart arbeiten. Es ist nur so, dass sie in einer anderen Realität und mit einem eigenen Gefühl für Zeit und Raum leben. Auf einen anderen Planeten auszuwandern, wäre für die meisten Amerikaner wahrscheinlich eine geringere Umstellung, als nach Indien zu gehen.

Nach einem hitzigen Streit, bei dem Dr. Know tatsächlich bestritt, dass es überhaupt einen Streit gebe, verließ er schließlich das Planetarium. Er sagte, er habe andere wichtige Aufgaben in der Universität zu erledigen und hätte wahrscheinlich sowieso keine Zeit, im Planetarium zu sein. Ohne dass er mich in den Wahnsinn trieb, konnte ich die Show innerhalb von drei Tagen automatisieren – und das bei den üblichen Stromausfällen um zehn Uhr morgens und vier Uhr nachmittags! Ich hatte einen Verdacht, was die Regelmäßigkeit der Stromausfälle an jedem Tag im Mai betraf. Sie traten immer um die Tiffin-Zeit (Tee-Zeit) auf. Hatte der Mann, der den Hauptschalter bediente, einfach den Strom für den gesamten Bundesstaat Andhra Pradesh abgestellt, damit er sich zweimal täglich zehn Minuten lang etwas Idli und Sambar (Reiskuchen mit Soße) holen konnte? Warum eigentlich nicht? Wir waren schließlich in Indien! Indien hat immer sein eigenes Ding gemacht, ungeachtet des Rests der Welt, der nach dem orthodoxen Hindu-Dogma ohnehin zu keiner Kaste gehörte.

Bei der Lektüre der englischsprachigen Zeitungen entdeckte ich eine neue Welle des Antiamerikanismus im indischen politischen Denken. Dies schürte mein Unbehagen und isolierte mich noch mehr von Indien und den Menschen, mit denen ich arbeitete. Nach einer Weile hatte ich das Gefühl, dass meine einzigen wahren Freunde in Puttaparthi im Mai 1986 mein Rikscha Fahrer und mein Straßenhund waren, der mir überallhin folgte. Ich hatte sogar Angst, mich über die Stromausfälle zu beschweren. In meiner paranoiden Fantasie stellte ich mir vor, dass sie irgendwie ein Argument finden würden, Amerika die Schuld an all ihren Problemen zu geben, einschließlich des Stromausfalls, und das würde bedeuten, dass es am Ende irgendwie meine Schuld sein würde. Aber all das war nur mein in der Hitze des Nachmittags arbeitender Verstand. Ich lag unter meinem Deckenventilator und ließ mir heiße Luft um die Nase wehen. Es war, als würde man versuchen, unter einem Föhn zu schlafen. Ich war schweißüberströmt. In dem runden Gebäude, in dem ich wohnte, gab es sonst niemanden. Dreiundvierzig der vierundvierzig Wohnungen waren leer.

Als ich eines Abends von einer weiteren nährwertfreien Mahlzeit in der Kantine zurückkam, begegnete ich einem wütenden Hund. Es gab gerade den typischen Stromausfall, so dass alles völlig dunkel war. Als ich mich die Treppe des Rundhauses hinauftastete, hörte ich den Hund, wie er mich anknurrte. Ich war überrascht, denn normalerweise sind Straßenhunde in Indien sehr scheu. Jemand muss das Tor offengelassen haben; vielleicht sogar ich. Als ich im dritten Stock ankam, begann der Hund zu bellen und bösartig zu knurren. Zuerst war ich mutig und versuchte, ihn die Treppe hinunter zu jagen. Aber er rannte stattdessen nach oben. Das arme Ding war wahrscheinlich verwirrt und erschöpft. Mir war danach zu sagen: „Willkommen im Club“.

Langsam bahnte ich mir im Dunkeln einen Weg in den vierten Stock. Es war mucksmäuschenstill. Ich tastete mich an der Wand entlang, ohne zu wissen, was mich erwartete. Plötzlich sprang er auf mich wie aus dem Nichts zu, knurrte und bellte gleichzeitig. Ich konnte seine Augen in der Dunkelheit leuchten sehen. Ich schrie ihn an, er solle verschwinden, denn ich hatte Angst, gebissen zu werden. Ich konnte das Trippeln seiner Pfoten hören, als er die Veranda umrundete. Ich dachte, wenn ich es nur schaffen würde, in mein Zimmer zu gelangen, könnte ich einen Stock oder etwas anderes nehmen und ihn aus dem Gebäude jagen. Ich tastete in der Dunkelheit nach meinen Schlüsseln. Schnell eilte ich die Veranda entlang und lauschte in der Dunkelheit auf seine Schritte. Er kam nun auf mich die kreisrunde Veranda entlang aus der entgegengesetzten Richtung zu. Inzwischen befand ich mich mitten in meinem eigenen Stephen-King-Horrorfilm: Ein Mann wird in der Schwärze der Nacht von einer tollwütigen Bestie verfolgt.

Schließlich schaffte ich es in mein Zimmer, bevor der Hund mich erwischte. Ich nahm eine Eisenstange, mit der ich immer den Abfluss in der Dusche frei gemacht hatte, in die Hand und dachte: „Jetzt kriege ich den kleinen Bastard.“ Mutig machte ich mich auf den Weg nach draußen, auf die Veranda, und schlug mit der Stange laut auf den Beton, um ihn zu erschrecken. Plötzlich ging das Licht wieder an, und jetzt konnte ich ihn sehen: Das arme Ding war so mager und klein – und ich wollte ihm mit der Eisenstange eins überbraten! Beide keuchten und schwitzten wir. Wäre er ein Mensch gewesen, hätte ich wahrscheinlich gesagt: „Hey, lass uns das alles vergessen und einen kühlen Drink nehmen.“ Aber leider war die arme Kreatur zu dumm und verängstigt. Eigentlich waren wir das beide. Als ich ihn die Treppe hinunterjagte, wurde mir klar, dass wir beide gar nicht so verschieden waren. Auch ich war erschöpft davon, im Kreis herumzulaufen – sechzehn Jahre lang!

Am letzten Mittwoch im Mai teilte mir der örtliche Unterinspektor der Polizei mit, dass mein Antrag auf eine einjährige Visumsverlängerung nicht bearbeitet werden könne. Anantapur hatte eine Mitteilung aus Neu-Delhi erhalten, in der sie angewiesen wurden, keine Touristenvisa über den vorgeschriebenen Zeitraum von sechs Monaten hinaus zu verlängern. Es konnten keine Ausnahmen gemacht werden. Ich war gerade dabei, auf dem Weg zum Planetarium am Ganesh Gate des Aschrams in eine Rikscha einzusteigen, als der Inspektor mich anhielt, um mir die Nachricht zu überbringen. Ich saß ein paar Minuten wie erstarrt da und wusste nicht, was ich tun sollte. Ich wusste, dass es vorbei war und ich zurückkehren musste. Ich fuhr hinunter zum Planetarium und sagte Dr. Prasad, dass ich noch etwas bezüglich meines Visums zu erledigen hätte. Ich werde für einen Tag oder so nach Anantapur fahren. Ich hatte das Programm für die Vorführung von Haleys Kometen bereits abgeschlossen, es gab also keine Arbeit mehr zu erledigen.

Richard und Michelle, die wieder in Puttaparthi waren, sagten, sie würden mit mir kommen. Sie verstanden, wie ich mich fühlte. Sie wollten mir Gesellschaft leisten und meinten, in Anantapur auch Informationen über ihre eigenen Visa einholen zu können.

Der Polizeiinspektor im Büro in Anantapur versuchte wirklich, mir zu helfen. Er schlug vor, das einzig Legale, was mir helfen könne, sei eine ärztliche Bescheinigung, aus der hervorginge, dass ich zu krank zum Reisen sei. Dann könnten sie mir eine dreimonatige Verlängerung gewähren und ich könnte einen Sonderantrag in Neu-Delhi stellen. Das alles wollte ich mir aber nicht antun. Es schien mir das Beste zu sein, zum Rektor der Universität zu gehen.

Die Sekretärin des Rektors schickte mich zum Kanzler. Der Kanzler war ratlos, was er tun sollte, und schickte mich zum Rektor. Der Rektor schlug vor, dass ich Herrn Kutumba Rao aufsuchen solle. Herr Kutumba Rao meinte, ich solle nicht versuchen, in Neu-Delhi Berufung einzulegen, sie würden das nur ablehnen. Er schlug vor, ich solle zurück in die Staaten fliegen und so bald wie möglich zurückkommen. Ich sagte ihm, dass ich dafür nicht genügend Geld habe. Er meinte dann, freundlicherweise, dass „das Zentrum dort für mich bezahlen könne".

„Welches Zentrum?“ fragte ich. Er wusste wirklich nicht, was er sagen sollte, er wollte nur nett sein. Er schlug vor, ich solle Mr. Shah anrufen. Nach vielen Stunden des Wartens wurde mein Anruf bei Mr. Shah in Bombay durchgestellt. Ich erzählte ihm von der Visasituation und dass ich abreisen musste. Er sagte überhaupt nichts. Ich wartete auf eine Antwort, aber es kam keine. Nach ein paar Augenblicken fragte ich ihn, ob er gehört habe, was ich gesagt habe.

„Ich bin hier“, sagte er.

„Dr. Rao versprach, dass er mir ein Rückflugticket besorgen würde, falls ich Probleme mit dem Visum hätte oder hier nicht glücklich würde“, berichtete ich.

„Wo ist Dr. Rao?“ fragte Mr. Shah. Ich wusste nicht, was er damit meinte. Dann sagte er: „Wie können wir Ihnen ein Rückflugticket geben? Sie haben noch nicht einmal ein Jahr Arbeit hinter sich.“

„Aber wie kann ich ein Jahr arbeiten, wenn ich kein Visum bekomme?“ fragte ich und hielt wieder einmal an der Logik fest, als ob unser westliches Konzept von Logik in Indien etwas bedeuten würde. Mr. Shah schlug mir vor, mit dem Vizekanzler zu sprechen. Danach hatte es keinen Sinn mehr, das Gespräch fortzusetzen. Ich hatte ja mit dem Vizekanzler angefangen. Außerdem war es einfach zu heiß, um noch einmal den ganzen Weg den Berg hinauf zu gehen. An diesem Punkt wollte ich einfach nur noch weg. Ich fasste einen Plan. Ich würde nach Anantapur fahren, um meine Ausreisegenehmigung zu bekommen, und dann nach Bangalore, um einige Freunde anzurufen, die mir ein Rückflugticket angeboten hatten, falls es nicht klappen würde. Sai Baba war in Whitefield. Ich würde hingehen, mich verabschieden, seinen Segen bekommen und wieder gehen.

Am nächsten Tag kam Sai Baba nach Puttaparthi. Es war der 31. Mai. Die Nachricht, dass er kommen würde, machte schon früh die Runde. Ich beschloss, zu warten und zu sehen, ob er kam, bevor ich abreiste. Das Planetarium-Personal, einschließlich Dr. Know, war ganz aufgeregt über die Nachricht, dass Sai Baba am nächsten Tag kommen würde, um einer Vorführung der Show beizuwohnen. An diesem Abend bat mich Dr. Prasad, die Show noch einmal durchzugehen und die Dia-Sequenzen zu überprüfen. Anfangs hatten wir ein paar Probleme mit der Automatisierung, aber jetzt funktionierte alles reibungslos. Am nächsten Morgen herrschte im Planetarium große Anspannung. Alle außer mir waren sehr nervös, weil Sai Baba kommen würde. Ich war zu erschöpft von der ganzen Sache. Ich war auch sehr traurig, dass alles nicht so klappen wollte, wie ich es mir erhofft hatte.

Der große rote Mercedes fuhr am Eingang vor. Das göttliche Wesen, das sich von den Turbulenzen des Lebens stets unbeeindruckt zeigte, stieg aus seinem Wagen. Sai Baba stand einen Moment lang in seinem orangefarbenen Gewand da und sah wunderschön, strahlend, prächtig aus! Tränen quollen aus meinen Augen. Das Bild, wie ich vor vierzehn Jahren in seinem Garten auf den Knien lag und ihn anflehte, mich nicht nach Amerika zu schicken, tauchte wieder vor meinem inneren Auge auf. Aber jetzt konnte ich es kaum erwarten, zu gehen. Als er durch die Eingangstür in die Lobby kam, sah er mich an: „Was ist mit Ihrem Visum, Sir?“, fragte er besorgt.

„Keine Erlaubnis. Ich werde nach Amerika zurückkehren müssen“, sagte ich leise.

„Ja, geh‘ nur“, erwiderte er.

„Wirst du mich noch einmal sehen, bevor ich gehe?“ „Ja, ja“, antwortete er und ging hinein und die Treppe hinauf.

Dr. Know übernahm die Konsole. Er legte den Schalter um, um die Automatisierung außer Kraft zu setzen. Sobald die Lichter ausgingen, tat er ungewollt sein Bestes, um die ganze Arbeit, die ich geleistet hatte, zu vermasseln. Es hatte keinen Sinn mehr, mit ihm zu streiten. Bald würde ich weg sein. Ich wusste, dass Sai Baba wusste, dass ich zumindest versucht hatte, mein Bestes zu geben. Ich ging hinunter und setzte mich hinter Sai Baba. Ich wollte einfach nur in seiner Nähe sein. Nach der Hälfte der Show sagte er zu Dr. Prasad, er solle aufhören. Es war nicht so, dass er sie nicht mochte. Er wollte einfach nur die Gesamtwirkung sehen. Als er aufstand, um zu gehen, folgte ich ihm zusammen mit den anderen die Treppe hinunter, und als sich mir die Gelegenheit bot, verbeugte ich mich und berührte seine Füße. Als ich aufstand, trafen sich meine Augen mit seinen. Es lag so viel Liebe und Mitgefühl in diesen Augen. Es waren die Augen von Vickie. Es waren die Augen von Artemis. Es waren die Augen meiner Mutter und meines Vaters und all derjenigen, die mich jemals geliebt oder sich um mich gekümmert haben. Es waren die Augen Gottes. Dieses Mal wusste ich, dass er mich gesehen hat.

DIE BIENE UND DIE LOTOSBLÜTE

Am nächsten Morgen, es war ein Sonntag, der zweite Juni, rief er mich zusammen mit einer kleinen Gruppe von Devotees in den Interviewraum. Sein Stuhl stand schräg in der Ecke neben der Tür zum privaten Gesprächsraum. Ich saß zu seiner Rechten, direkt neben der Tür. Die anderen saßen verstreut in dem kleinen Raum, die Männer auf der einen Seite, die Frauen auf der anderen. Als ich an der Reihe war, schaute er zu mir herüber und sagte: „Verrückter, was ist mit dir? Geh' und komme wieder zurück. Sechs Monate, besser nur sechs Monate", fuhr er fort, „versuche nicht erst, ein Langzeitvisum zu bekommen. Zwischen Indien und Amerika gibt es gerade keine Freundschaft. Sechs Monate hier, sechs Monate dort." Er nickte mit dem Kopf, als würde er sich über seinen eigenen Vorschlag freuen. „Besorge dir einen Pass, besorge dir ein Visum." Er machte eine Geste, die ich so interpretierte: Wie lange es auch immer dauern mag. „Bleibe ein oder zwei Monate dort und komme dann zurück", fügte er hinzu.

Er fuhr fort, mit einigen der anderen Anwesenden zu sprechen. Dann führte er einen nach dem anderen hinter den Vorhang in den privaten Interviewraum. Jedes Mal, wenn er sich von seinem Stuhl erhob, hielt ich ihm den Vorhang zur Seite. Ich war der Letzte, den er aufrief. „Du hast dort gesessen und darüber nachgedacht, wie du es dir leisten kannst, zu kommen und zu gehen“, meinte er. Das stimmte in der Tat, das war so. „Du machst dir Sorgen um deine finanzielle Situation, ich weiß“, fügte er hinzu. Auch das war wahr, das tat ich. „Mach dir keine Sorgen, ich werde dir helfen.“

„Ich habe kein Ticket für die Rückreise“, erklärte ich ihm.

„Sie haben dir gesagt, dass sie deine Kosten übernehmen, nicht wahr?“, fragte er und meinte damit die Mitglieder des World Council, wie ich annahm.

„Ja, Swami“, antwortete ich.

„Ich werde helfen“, sagte er. Er ging hinüber und setzte sich auf seinen Stuhl. Ich setzte mich auf den Boden zu seinen Füßen. „In den letzten fünf oder sechs Jahren“, fuhr er fort, „hattest du zahlreiche weltliche Gedanken und Begierden. Du bist hierhin und dorthin gegangen, immer auf der Suche, ich weiß. Du hattest sogar Zweifel am dharmischen Weg.“ Er schaute mir direkt in die Augen. Sein Gesicht wurde ernster. „Vor sechs Jahren gab es ein Mädchen, das du heiraten wolltest.“ Ich wusste, dass er Vickie meinte. Es war fast sechs Jahre her, als sie aus China zurückkam und all das geschehen war. „Jetzt denkst du manchmal an Frauen, sogar an die Ehe. Jetzt, keine Frauen, keine Heirat. Keine weltlichen Gedanken und Begierden mehr. Du denkst nur an Swamiji“, sagte er fest. „Was ist dein Plan?“, fragte er, um das Thema zu wechseln.

„Ich gehe nach Anantapur und dann nach Bangalore.“ „Nein, geh‘ nach Anantapur und komme dann hierher zurück. Wir sehen uns dann noch einmal.“ Er stand auf und reichte mir eine große Handvoll Vibhuti-Päckchen aus einer roten Plastiktüte auf dem Fenstersims. Ich beugte mich hinunter und küsste seine Füße. Als er in den anderen Raum ging und den Vorhang zur Seite schob, drehte er sich um und sagte: „fahre vor halb acht nach Anantapur. Sieben Uhr dreißig bis neun ist keine gute Zeit, an einem Montag zu reisen.“ Er ging zu seinem Stuhl und blieb noch ein paar Minuten sitzen. Er sprach noch einige liebevolle Worte zum Rest der Gruppe. Dann stand er auf und gab allen noch einmal die Gelegenheit, seine Füße zu berühren. Dann geleitete er uns hinaus.

Auf dem Weg nach Anantapur wurde mir klar, dass ein Teil meines Problems darin bestand, dass ich stets wollte, dass Sai Baba die Regeln für mich brach. Damals, 1970, sagte er einmal zu mir: „Regeln sind Regeln. Wenn du dich nicht an die Regeln hältst, wird die Polizei kommen und dich ins Gefängnis stecken." Aber er hat doch alle Regeln im Universum gemacht, dachte ich. Wenn ich Gott nicht darum bitten kann, die Regeln auch nur ein bisschen zu brechen, wen kann ich dann bitten? Ich hatte das Gefühl, dass er es hätte tun sollen, weil ich ihn liebte und zu ihm gehörte. Und für diese Liebe hätte er mir irgendwie die Erlaubnis geben müssen, zu bleiben. Vielleicht habe ich, weil ich ihn liebte und eine Rendite auf meine psychologische Investition erwartete, meine Liebe all die Jahre nur als Tauschmittel angeboten. Ich habe nicht nur gesagt, dass ich dich liebe, Swami, und dass ich nichts anderes will, als dich zu lieben. „O.K. mein Herr, ich gebe meinen Wunsch nach körperlicher Nähe zu deiner Avatar-Form auf. Ich möchte zurück nach Amerika, und ich bin glücklich, zurückgehen zu können." Ich holte tief Luft und fügte mit schwächer werdender Stimme hinzu: „Wenn das dein Wille ist", und ich sagte es laut. Ich habe selten laut gebetet. Aber ich wollte, dass er mich hört.

Während der ganzen Fahrt hatte ich das Gefühl, mich von Gott zu trennen, was, wie ich wusste, ja vom intellektuellen Standpunkt aus betrachtet, unmöglich ist. „Er ist überall", erinnerte ich mich immer wieder, obwohl ich wusste, dass ich mich dadurch nicht besser fühlen würde. Ich begann zu weinen. Ich wollte es nicht, aber die Tränen hörten nicht auf. „Ich bin völlig verrückt", sagte ich zu mir selbst. „Warum ertrage ich diesen ganzen Irrsinn? Warum liebe ich dich so sehr, Swami, dass es mir immer wieder das Herz zerreißt?" Inzwischen flossen die Tränen in Strömen. Der Taxifahrer konzentrierte sich auf die Straße und wich ab und zu einer Kuh, einem Schwein oder einem Ochsenkarren aus. „Das alles kann unmöglich wirklich existieren", dachte ich. „Nicht Indien, nicht Swami, nicht Amerika, nicht ich, nichts davon! Es ist doch alles völlig unwirklich." Ich ließ mich wieder auf dem Sitz des Taxis zurückfallen. Es war noch eine Stunde bis Anantapur.

In Anantapur verlief alles reibungslos. Ich bekam meine Ausreisegenehmigung. Der Polizeiinspektor wollte, dass ich ihm eine tragbare Schreibmaschine mitbringe, wenn ich wiederkäme. Ich sagte, ich würde es versuchen. Zum Abend-Darshan war ich zurück in Puttaparthi. Sai Baba erblickte mich, als er herauskam, sagte aber nichts. Geistig war ich bereits wieder in Amerika und plante, was ich als nächstes tun wollte. Am folgenden Morgen, einem Dienstag, rief er mich erneut zu sich.

Diesmal brachte er mich zusammen mit einem Mann aus Peru in den privaten Interviewraum. Der Mann hatte einen sehr starken spanischen Akzent, wenn er Englisch sprach. Sai Baba konnte ihn nicht verstehen – und der Mann aus Peru konnte Sai Baba nicht verstehen. Also fungierte ich als Dolmetscher und übersetzte das Englisch mit spanischem Akzent in das indische Englisch mit Telugu-Akzent. Sai Baba beugte sich in seinem Stuhl nach vorne und fragte den Mann mit sanfter Stimme: „Woher kommst du?“

„Peru“, antwortete er.

Sai Baba schaute mich an. „Was hat er gesagt?“

„Swami, er sagt, er komme aus Peru“, übersetzte ich langsam und deutlich.

„Wie lange bleibst du?“ fuhr Sai Baba fort. Der Mann verstand die Frage nicht und schaute mich an.

„Swami möchte wissen“, übersetzte ich, „wie lange du hierbleibst.“

„Ja, ich bleibe gerne.“ Sai Baba schaute mich fragend an.

„Er möchte für einige Zeit hierbleiben, Swami“, erklärte ich.

„Oh ja. Ich werde sehen.“ Er gab dem Mann eine Handvoll Vibhuti-Päckchen aus der roten Plastiktüte auf dem Fenstersims. Er stand auf, gab mir ein Zeichen zu warten und begleitete den Mann aus dem privaten Raum in den Raum für Gruppeninterviews. Dann kam er zurück und setzte sich auf seinen Stuhl. Ich setzte mich zu seinen Füßen auf den Boden. „Was kostet ein Ticket für die Rückreise?“, fragte er mich.

„Sieben- oder achthundert Dollar, Swami, ich bin mir nicht sicher.“

Er beruhigte mich: „Mach' dir keine Sorgen, ich werde sie dir geben". Dann fügte er hinzu: „Sie haben dir gesagt, sie würden deine Kosten übernehmen, nicht wahr?" Ich nickte.

„Gibt es einen Direktflug zurück?", fragte er noch. Ich wusste nicht genau, was er meinte. „Es gibt einen Halt in Singapur und Hongkong, vielleicht auch in Honolulu", erwiderte ich.

„Aber ist es ein Direktflug?", wollte er wissen.

„Ja, Swami, ich denke schon."

Dann fragte er mich noch: „Welche Arbeit wirst du dort machen?" Die Frage verwirrte mich etwas. Ich dachte, ich habe doch gerade im Planetarium gearbeitet.

„Keine Arbeit, Swami", antwortete ich.

Er wechselte das Thema. „Ich besorge dir ein Ticket, aber sage es niemandem weiter!" Ich beugte mich hinunter und küsste seine Füße.

„Danke", sagte ich, als ich aufstand.

„Denke nicht einmal daran. Es ist nichts", sagte er sanft, während er mich in den Vorraum führte. „Ich werde dir morgen noch ein weiteres Interview geben, bevor du fährst", fügte er fast flüsternd hinzu. Zurück im Vorraum verteilte er an alle Päckchen mit Vibhuti und gab mir eine weitere große Handvoll.

In dieser Nacht regnete es stark. Gegen neun Uhr abends hörte ich ein lautes Klopfen an meiner Tür. Ein Bote war mit einem Regenschirm aus dem Büro von Herrn Kutumba Rao gekommen. „Bitte kommen Sie mit, Mr. Howard", sagte er. Wir bahnten uns einen Weg durch den strömenden Regen. Mr. Kutumba Rao saß hinter seinem Schreibtisch. Er grüßte mich herzlich und lud mich ein, Platz zu nehmen. Er öffnete seine Schreibtischschublade und holte einen Umschlag heraus. „Mr. Howard, wir finden es bedauerlich, dass Sie hier aufgrund von Umständen, auf die wir keinen Einfluss haben, festsitzen", sagte er, als er mir den Umschlag überreichte. „Wir sehen es als unsere Pflicht an, Ihnen zu helfen". Es war offensichtlich, dass er das sagte, was Sai Baba ihm zu sagen aufgetragen hatte. Ich dankte ihm sehr höflich und ging in meine kleine Wohnung im Rundbau zurück. Als ich so durch den Regen ging, fühlte ich mich sehr gut aufgehoben. Es war ein angenehmes Gefühl, das sich mit all den anderen Gefühlen mischte, die ich zu dieser Zeit hatte. Es war wunderbar zu wissen, dass Sai Baba sich so sehr um mein Wohlergehen kümmerte.

Am Ende war es also nur Sai Baba, der sich so richtig darum kümmerte, die Dinge in Ordnung zu bringen. Letztendlich war ich wirklich nur wegen Sai Baba hier, nicht wegen des Planetariums und nicht wegen einer begehrten Stelle an seiner Universität. Das waren nur „Köder“, um mich zurückzubringen.

Am nächsten Morgen, einem Mittwoch, rief mich Sai Baba zu einem Abschiedsinterview zu sich. Er war in einer sehr spielerischen Stimmung. Ich nahm den Platz am Eingang zum privaten Interviewraum ein, nahe an seinem Stuhl, zu seiner Rechten. Er begann das Interview, indem er die Anwesenden fragte, woher sie kämen oder wie sie hießen. Als er mich ansah, sagte er: „Madman.“ Dann deutete er auf mich und sagte zu den anderen: „Verrückter.“ Er nahm den Ring vom Finger eines Devotees und reichte ihn mir. „Was ist das?“, fragte er und deutete auf die Mitte. Der Ring sah aus, als hätte er einmal ein Bild gehabt, vielleicht von Sai Baba. Jetzt war da nur noch ein leeres Kupfergesicht, umgeben von kleinen Edelsteinen. „Früher war da ein Bild“, antwortete ich. „Das war damals, und was ist jetzt?“, fuhr er fort. „Jetzt ist da nur noch Kupfer“, sagte ich, ohne zu wissen, welche Antwort er haben wollte. „Nein, da ist gar nichts.“ Er nahm den Ring wieder zurück. „Jetzt werde ich einen wertvollen Diamanten materialisieren“, sagte er. Mit einer kreisenden Bewegung seiner Hand führte er den Ring an seine Lippen, blies darauf und verwandelte ihn augenblicklich in einen großen Diamantring. Er passte perfekt an den Finger des Devotees, als er ihn aufsteckte. Für einen anderen Devotee im Raum materialisierte er einen großen Kristall, ein wunderbar schillerndes Shiva Lingam.

Als letztes rief er mich noch einmal in den privaten Interviewraum. „Komm, böser Junge“, sprach er neckisch. Dann drehte er sich zu den anderen um und sagte: „Nicht wirklich schlecht, alle sind gut.“ Jetzt waren wir ganz allein.

„Danke, dass du mein Ticket organisiert hast“, flüsterte ich. Er gestikulierte und sagte: „Das war doch kein Problem. Dann schaute er auf den Boden, als wolle er den Blickkontakt vermeiden, und sagte: „Du gehörst zu mir. Ich gehöre zu dir.“ Einen Moment lang standen wir beide so da. Ich schaute zu seinem Stuhl. Er setzte sich, und ich setzte mich wieder zu seinen Lotosfüßen. „Nächstes Jahr wird die Visasituation wieder besser sein“, versicherte er mir. In diesem Moment erst fiel mir auf, dass er das Planetarium ja mit keinem Wort erwähnt hatte.

„Swami“, fragte ich, „willst du noch immer, dass ich im Planetarium arbeite?“

„Nicht jetzt“, sagte er. „Zum Geburtstag wird es einen großen Ansturm geben.“

„Dann werden wir eine Show zum Geburtstag machen“, ergänzte ich ganz automatisch.

Darauf antwortete er aber nicht „Du kommst zurück und bleibst sechs Monate. Das ist besser. Keine indische Staatsbürgerschaft für dich“, erklärte er mir. Ich war erleichtert. Das Letzte, was ich wollte, war, indischer Staatsbürger zu werden, auch wenn Gott dort lebte. „Hinterlasse deine Adresse bei Mr. Kutumba Rao, falls ich ein Telegramm schicken möchte“, sagte er noch.

„Ja, Swami.“ Es gab so viele Dinge, die ich ihn fragen wollte, aber nichts kam heraus. Er schien so bescheiden und lieb zu sein. Er stand auf und reichte mir noch mehr Vibhuti. Ich stopfte die Päckchen in meine indischen Hemdtaschen. Er half mir sogar, sie in eine Seitentasche zu stecken. Als ich mich bückte, um seine Füße zu küssen, fielen ein oder zwei Päckchen auf den Boden.

Er rief „Oh nein!“, was so viel heißt wie „Meine Güte!“, als er sah, wie ich sie aufhob. Er führte mich in den Vorraum und setzte sich auf seinen Stuhl. Er fragte, ob jemand in der Gruppe Fragen habe. Eine der Frauen im hinteren Teil der Gruppe fragte nach dem Schmerz. „Im Leben“, antwortete er, „sind Freude und Schmerz gleich.“

„Aber Schmerz scheint doch so viel mehr zu sein als Vergnügen“, wandte sie ein. „Nein“, fuhr Sai Baba fort, „von dir zu mir und von mir zurück zu dir ist es die gleiche Entfernung.“ Er gestikulierte mit seiner Hand. „Das Gleiche gilt für Vergnügen und Schmerz. Beide sind gleich.“

Ein anderer Devotee meldete sich zu Wort. Er erzählte Sai Baba, dass er einige Geräte habe, die er der Universität spenden wolle. Sai Baba sagte: „Sprich mit dem Vizekanzler. Das ist nicht meine Angelegenheit.“ Dann schaute er alle an und fügte hinzu: „Meine Angelegenheit ist nur von Herz zu Herz.“ Er sprach davon, dass man ihn im Herzen liebhaben solle. „Lieb (engl. dear) ist wichtig, nicht nah‘ (engl. near).“ Mit einer Geste zum Fenster hin sprach er: „Hier sitzen viele Männer in meiner Nähe. Aber sind sie lieb? Es gibt Skorpione und Schlangen in meiner Nähe in Puttaparthi. Sind sie lieb? Nein, Sir!“, sagte er. „Der Frosch sitzt auf dem Lotosblatt im Teich und quakt, aber er trinkt nie den Nektar der Lotosblume. Aber die Biene! Die Biene fliegt von weit her heran. Sie trinkt den süßen Honig der Lotosblume und fliegt davon. Nur Liebe ist wichtig, nicht Nähe. Aber derjenige, der nah und lieb sein kann, ist der beste Mensch“, fügte er hinzu. „Alle sind meine Kinder“, erklärte er noch mit einer ausladenden Geste. „Für mich sind alle lieb.“

Er sprach fünfundvierzig Minuten lang zu uns und beantwortete alle Fragen, die ihm gestellt wurden. Als er fertig war, stand er auf und materialisierte mit seiner Hand in der bekannten kreisförmigen Bewegung Süßigkeiten für uns. Sie waren sehr warm und köstlich. Er umgab uns alle mit seiner Liebe, berührte jeden, tätschelte jeden, als sie einer nach dem anderen zu seinen Füßen fielen. Er führte uns zur Tür. Keiner wollte wirklich gehen. Ich war bis zum Rande gefüllt. „Mein Becher läuft über“, heißt es in der Bibel.

Fast sieben Monate lang saß ich zu seinen Füßen und beobachtete ihn. Niemand war ihm wirklich „nahe“, nicht einmal die Menschen, die ihm körperlich am nächsten waren. Er war so jenseits von uns allen, so jenseits von jedem anderen, den ich je getroffen oder gesehen habe.

NACHWORT

Ich saß auf der Haus-Terrasse meines Freundes in den Santa Cruz Mountains. Ich fühlte mich wie gelähmt, vielleicht so wie Vickie sich sechs Jahre zuvor gefühlt hatte, als sie aus China zurückkam und mich nicht anrufen konnte. Ich beobachtete den fernen Pazifik, der im Sonnenlicht schimmerte. Die Hügel der Halbinsel von Monterrey verschwanden im Nebel der kalifornischen Küste.

Es war ein Schock, nach so vielen Erwartungen an die Arbeit im Planetarium wieder in Amerika zu sein. Gleichzeitig war es aber auch eine Erleichterung. Ich hatte keine Ahnung, wie ich jemals wieder nach Indien kommen sollte. Swami hatte gesagt, ich solle zurückkommen, und so würde ich auch versuchen, zurückzukehren. Aber mir graute es bei dem Gedanken daran. Abgesehen von der Zeit mit Sai Baba war so vieles an dieser Erfahrung so unangenehm. Was macht man mit einem zerbrochenen Traum? Wie soll man sich fühlen, wenn er vorbei ist?

Indien war ein bodenloser Ozean, in dem ich mich zu schwimmen getraut hatte. Seine starken Strömungen zogen mich hinein, und er wirbelte mich umher und spuckte mich wieder aus, so wie der Ozean unseren Umweltmüll wieder auswirft. Sai Baba zu lieben und Indien zu hassen, war ein unmöglicher Widerspruch, denn er verkörperte ja das, was Indien wirklich ausmacht. Indien hat die Fähigkeit, große Seelen hervorzubringen. Es nährt den göttlichen Geist und lässt ihn zu einer Lotosblume erblühen, die man Avatar nennt.

Ich rief ein paar Freunde an, um sie wissen zu lassen, dass ich zurück war. Einer von ihnen bot mir ein Ticket zurück nach Indien an, wenn ich es wollte. „Swami sagte, ich solle in ein oder zwei Monaten zurückkommen“, erzählte ich ihm. „Also werde ich dein Angebot wohl annehmen.“ Kurze Zeit später hatte ich mein Rückflugticket nach Indien, das ein Jahr lang gültig war.

Sechs Wochen später suchte ich das indische Konsulat in San Francisco auf, um das übliche dreimonatige Touristenvisum zu beantragen. Ich reichte meinen Reisepass mit den üblichen Antragsformularen und einem Foto ein. Es hieß, ich solle am nächsten Tag wiederkommen und es abholen. Aber als ich dann erschien, sagte der Sachbearbeiter: „Es tut uns leid, wir müssen Ihren Fall nach Neu-Delhi weiterleiten. Das kann zwei oder drei Monate dauern.“

„Zwei oder drei Monate?“, wiederholte ich und fühlte, als hätte ich diese Rolle schon einmal gespielt. Ich beschloss, das Vizekonsulat anzurufen und nachzufragen, was das Problem sei. Am Telefon erklärte ich, dass ich in der Vergangenheit schon oft in Indien gewesen sei und es in der Vergangenheit über eine lange Zeit keine Probleme mit meinem Visum gegeben habe. Ich erzählte auch, dass das indische Konsulat in New York 1977 sogar eine Genehmigung für meine Rückkehr nach Indien aus Neu-Delhi erhalten habe.

Vielleicht habe ich dem Angestellten auch zu viel erzählt, aber ich dachte, es sei besser, ehrlich zu sein. Ich wollte einfach nicht lügen und keine Spielchen mit meinem Visum treiben. Er sagte, er würde sich um die Angelegenheit kümmern und ich könne ihn in zwei oder drei Tagen zurückrufen.

Als ich das erste Mal aus Indien zurückkam, versuchte ich Vickie anzurufen, aber sie war nicht da. Jetzt dachte ich wieder an sie. Ich rief an, und dieses Mal war sie da. Sie war überrascht, von mir zu hören. „Ich dachte, du seist noch in Indien. Was ist passiert?“, fragte sie.

„Warum treffen wir uns nicht zum Mittagessen und ich erzähle dir alles“, erwiderte ich.

„Sollen wir uns im Green's in Fort Mason treffen?", scherzte sie.

Ich lachte: "Nein, treffen wir uns im Physical Science Building der San Francisco State."

Gemeinsam gingen wir im gleißenden, traumhaften kalifornischen Sonnenlicht die 19. Avenue entlang, alles um uns herum war so sauber und ordentlich. Das Gras war von einem satten, üppigen Dunkelgrün. Die Häuser waren alle in hübschen Pastellfarben gestrichen und hatten gepflegte Gärten. Die Straße war glatt asphaltiert. Die Autos fuhren in einer Reihe hintereinander her und sahen alle neu und glänzend aus. Ich erzählte Vickie alles, was in den letzten sieben Monaten passiert war, was ich durchgemacht hatte und wie ich mich dort fühlte. Sie hörte mir aufmerksam zu. „Ich glaube nicht, dass du wirklich dorthin zurückgehen willst", meinte sie schließlich.

Ich dachte ein paar Minuten lang darüber nach, während wir schweigend weitergingen. „Ich denke, du hast Recht", sagte ich, „vielleicht will ich nicht, jedenfalls nicht jetzt."

Ein paar Tage später rief ich den Vizekonsul im indischen Konsulat zurück. „Ich habe Ihren Fall geprüft, Herr Levin", sagte er ziemlich ernst. „Ich habe beschlossen, Ihnen kein Visum für die Rückkehr nach Indien zu erteilen." Er fügte hinzu: „Sie haben genug von Indien gesehen, es gibt dort nichts mehr für Sie zu sehen."

Howard Levin

Die Chance deines Lebens
Erfahrungen mit Sathya Sai Baba

Nur wenigen Menschen war es vergönnt, in nächster Nähe zum Avatar unseres Zeitalters zu leben, zu arbeiten und direkte spirituelle Führung zu erhalten. Und nicht viele sind so gesegnet gewesen wie Howard Levin, der uns mit seinem Bericht einen Blick auf eine entspannte Periode in den frühen 70er Jahren in Brindavan und Prashanti Nilayam eröffnet, als er in einer Gruppe von 20 jungen Westlern die Gelegenheit hatte, Sathya Sai Babas Leben und Wirken unmittelbar mitzuerleben.

Format: 14,7 x 20,6 cm
Softcover 180 Seiten
ISBN 978-3-96571-007-8
Bestellnummer: 1122
EUR 8,00

Diana Baskin

Göttliche Unterweisungen

Zu Füßen Sathya Sai Babas

„Wo bleibt das andere Buch?“ – fragte Sai Baba die Autorin einmal und erinnerte sie daran, was sie ihm einst versprochen hatte. Etwa 20 Jahre nach ihrem ersten Buch „Kostbare Erinnerungen“ erschien dieses „andere“ Buch endlich 2009. Diana Baskin blickt darin auf eine 40-jährige Verbundenheit mit dem Avatar unserer Zeit zurück, in der sie viele Jahre zu seinen Füßen leben durfte.

Format: 14,7 x 20,6 cm
Softcover 222 Seiten
ISBN 978-3-96571-008-5
Bestellnummer: 1109
EUR 10,00

Maryam Smith

Die Süße des Göttlichen

Erfahrungen mit Sathya Sai Baba

Die iranisch-stämmige Autorin schildert ihre beeindruckenden Begegnungen und Erlebnisse mit Sathya Sai Baba, der 1995 in ihr Leben trat und sie in spirituelle Dimensionen führte, die sie nie für möglich gehalten hatte.

In ihrem freimütigen, nachdenklichen Bericht erzählt Maryam von den Jahren, in denen sie in zwei Welten lebte – einer irdischen und einer göttlichen – und nimmt den Leser mit auf eine Reise, die zugleich einzigartig, universell und kostbar ist.

Format: 14,7 x 20,6 cm
Softcover 234 Seiten
ISBN 978-3-96571-006-1
Bestellnummer: 1118
EUR 10,00

Norbert Nicolaus

Ort der Sehnsucht – Prashanti Nilayam

Großformatiger Bildband über Prashanti Nilayam und Puttaparthi mit ca. 270 Fotos aus vier Jahrzehnten sowie Aussagen und Berichten von Devotees, die diesen Ort der Sehnsucht immer wieder aufgesucht haben.

Format: 28 x 23 cm
Hardcover 152 Seiten
ISBN 978-3-96571-005-4
Bestellnummer: 1031
EUR 24,00

Weitere Informationen in unserem Online-Bookshop unter:
https://www.sathyasai-buchzentrum.de/

Norbert Nicolaus

Sathya Sai Baba

Leben – Lehre - Werk

Was hat die85-jährige Lebensspanne des Avatars Sri Sathya Sai Baba in der Welt bewirkt? In einem kompakten Überblick sind die wichtigsten Stationen seines Lebens, die Kernpunkte seiner Lehre sowie das gesamte Werk mit den Teilaspekten EDUCARE, MEDICARE und SOCIOCARE dargestellt. Zwei wichtige Ansprachen aus dem Jahre 1968 sowie das berühmte Interview, das Sai Baba der Wochenzeitschrift „Blitz“ im Jahre 1976 gab, sind hier erstmals zusammen und in vollständiger deutscher Übersetzung abgedruckt.

Format: 14,7 x 20,9 cm
Softcover 132 Seiten
Bestellnummer: 1129
EUR 5,00

Martin Mittwede

Spirituelles Wörterbuch
Sanskrit-Deutsch

Das im deutschen Sprachraum meistbenutzte Sanskrit-Wörterbuch enthält die wörtliche Bedeutung von über 3.000 Sanskritbegriffen aus den Bereichen Religion, Philosophie, Gottesnamen, Yoga, Vedanta etc. Es gibt zugleich einen Zugang zur indischen Weisheitslehre, Ethik und Kultur und bietet sich als Hilfe zu spiritueller Erkenntnis an.

9. überarbeitete Auflage 2021
Format: 15 x 21,5 cm
423 Seiten, kartoniert
Bestell-Nr. 1082
ISBN 978-3-932957-02-4
EUR 15,00